Copyright 2013 by SEAN W. IPRA, All rights reserved
1ra Edición en español 2018

EL LIBRO SECRETO DE LOS MULTINIVELES

por

SEAN W. IPRA

SEAN W. IPRA

EL LIBRO SECRETO DE LOS

MULTINIVELES

¿Porqué no Funcionan?

© SEAN W. IPRA

SWI EDITORS, 2013

Primera Edición 2013

Primera Traducción al Español, 2018

Diseño de portada y colección: Departamento de Diseño Editorial

SWI Editors

No se permite la reproducción total o parcial de este libro, ni su incorporación a un sistema informático, ni su transmisión en cualquier forma o por cualquier medio, sea este electrónico, mecánico, por fotocopia, por grabación u otros métodos, sin el permiso previo y por escrito del editor.

seanwipra@yandex.com

A mis Hijos, lancen lejos sus sueños y vayan por ellos.

CONTENIDO

INTRODUCCION.. 9

CAPITULO 0. ¿PORQUE?.. 19

CAPITULO 1. ¿QUE ES UN MLM?..................................... 33

CAPITULO 2. ¿MLM O VENTA DIRECTA?........................ 51

CAPITULO 3. ¿MUNDO EMPRESARIAL O INDEPENDENCIA?... 59

CAPITULO 4. ¿QUE PUEDE ENCONTRAR EN UN MLM?......... 75

CAPITULO 5. ACTITUD PARA DESARROLLAR UN MLM.......... 91

CAPITULO 6. ¿QUE DEBE HACER EN UN MLM?..................... 103

CAPITULO 7. CONOCIENDO SU MULTINIVEL......................... 127

CAPITULO 8. ¿MLM O VENTA DIRECTA ROUND 2?............... 135

CAPITULO 9. PLAN DE COMPENSACIÓN................................ 141

CAPITULO 10. TIPO DE MLM... 145

CAPITULO 11. PRODUCTOS O SERVICIOS............................. 151

CAPITULO 12. POTENCIALES AHORROS................................ 155

CAPITULO 13. CAPACITACION.. 159

CAPITULO 14. ¿COMO HACERLO?... 163

CAPITULO 15. MI ESTRATEGIA.. 169

CAPITULO 16. ¿COMO PONERLO EN PRACTICA?................ 185

CAPITULO 17. ¿INGRESOS INMEDIATOS?............................. 193

CAPITULO 18. RESUMIENDO SU AUTOCRITICA.................... 207

INTRODUCCION

Alguna vez alguien se le ha acercado a decirle que conoce una forma en la que usted puede hacer realidad sus sueños, vivir una vida sin preocupaciones, con dinero suficiente ingresando mensualmente a su cuenta bancaria mientras usted se encuentra en la playa, de compras, viajando o haciendo cualquier cosa que desee.

¿Ingresos pasivos de por vida y libre de preocupaciones financieras?

Suena hermoso, fuera de cualquier realidad pues estamos acostumbrados a trabajar para obtener lo que queremos, a veces sin mucho éxito, pero seguimos intentándolo.

Muchas veces suena tan irreal que las dudas nos abordan por todos lados y sencillamente le cerramos la puerta a quién nos dice eso.

Pero que tan ciertas son todas esas maravillas que nos ofrecen, toda esa fuente de ingresos pasivos y de por vida. Que hay detrás de la información que nos dan, que no nos dicen y que hay escondido como para que el resto de las personas no lo hagan.

¿Si todo fuera cierto, no deberían todas las personas del mundo estar desarrollando esa maravilla de negocio?

La verdad es una sola, el Mercadeo Multinivel, que también lo conocen como MLM, Redes de Mercadeo, Mercadeo de Referidos y muchos más, es una tendencia en todo el mundo, que probablemente usted no lo ha identificado, pero existe. Aunque muchas veces lo hacemos a un lado sólo por el hecho de que a algún conocido no le fue bien con ese "negocio".

Si usted es de la época digital recordará a facebook.

Pues permítame decirle que facebook es precisamente la empresa que mayor aprovecha el mercadeo de Referidos. Si usted ha tenido oportunidad de estudiar como facebook le ayuda a iniciar su negocio, obviamente por un pequeño costo, podrá observar en todas las cartillas de enseñanza, la relación que existe y como aprovecha facebook la información para exprimir su vínculo con sus conocidos, no solamente para promocionar su producto, sino para que otras empresas que estén dispuestas a pagar por eso, lo hagan también.

Otro ejemplo puede verlo en los descuentos por referidos que usan empresas de ropa, de servicios de internet, de celulares, etc, que le ofrecen un descuento o un valor agregado sólo por presentar un amigo, o por solicitar un servicio junto a sus amigos o sus familiares.

¿Alguna vez le han dado una entrada a un evento, una comida gratis, una bebida gratis, una lavada de auto gratis o una porción de papas a la francesa más grande por referir los servicios o productos de una empresa? ¿Una porción de pizza gratis por compartir la página de facebook de la pizzería con sus conocidos o en su muro?

Pues eso es Mercadeo Multinivel.

Lo que probablemente nos sucede, porque a mí me sucedió, es que dejamos que nombres como Herbalife, Omnilife, Lifewave, Amway, Oriflame, Yanbal, Young Living Oils, Avon, Pampered Chef, AdvoCare. etc. Nos hagan pensar en que solo esos son multiniveles (pirámides los llaman otros) y que el desarrollar esos negocios son una pérdida de tiempo y de dinero. Vemos el mensajero, pero no el mensaje.

Entonces porque si todo a nuestro alrededor y todas las empresas de productos de consumo están aprovechando esta nueva forma de mercadeo sacando provecho, nosotros no lo hacemos.

¿Porqué no tomar un poco de esa novedad para nuestro beneficio? ¿Porque dejar que sólo las grandes empresas se lleven las ganancias?

¿Porque no le funciono?......mmm.. eso es relativo.

Le hago una pregunta, ¿Cuando se baña con agua caliente, le sale en el punto cada vez que abre la llave..? o ¿debe ir graduándola hasta encontrar su punto de comodidad...?

Todo tiene una forma de hacerse. ¿No será posible que el camino que usó para desarrollarlo pudo ser el errado..?

Probablemente usted odia los negocios de multinivel o esta frustrado con sus resultados, este libro es para usted, basado en dudas que me presentaron muchas personas sobre el porqué no le funciona su negocio.

Permítame aclararle esas dudas, o al menos muchas de ellas. Algunas de forma cruda, que le den una visión diferente de lo que se está perdiendo. Los multiniveles son un tren que ya arranco, pero usted todavía tiene la posibilidad de subirse a uno de sus vagones.

Si usted está abierto a escuchar argumentos que nunca

escuchó, que no están de acuerdo con su forma de pensar, que lo harán enojar por lo directos, para darse una oportunidad. Estoy seguro que aprovechará este libro al máximo. Desafortunadamente, obtener resultados sólo depende de usted.

Entonces, ¿porqué no funcionan los multiniveles..? Bueno, la respuesta es simple. Porque no se han hecho de la forma correcta.

Pero esta es una afirmación que afecta a todos en el grupo donde usted este participando. Aunque no es mi intención demeritar las estrategias de los diferentes grupos, ni menospreciarlas, ni inducir a pensar que no funcionan y mucho menos demandar que la forma en la que veo los multiniveles sea la mejor y óptima solución al éxito en este tipo de negocios.

Veo las cosas algo diferente, en cuanto a su estrategia y a su actitud. Pero no significa que esté por encima de lo que sus líderes le enseñan, solo deseo que usted contemple otras alternativas si está teniendo problemas con su negocio.

Ahora, respecto a su actitud, tenga en cuenta que si usted espera salir de su situación económica en muy corto tiempo, este no es un negocio para usted.

Si espera ganarse tanto dinero en un mes de trabajo como para vivir el resto de su vida, este no es un negocio para usted.

Si espera que todas las personas con las que habla inicien el negocio y lo vuelvan rico, este no es un negocio para usted.

Este es un negocio lento, de mucha paciencia, de mucha dedicación. Pero cuando toma impulso, es mejor que tenga el cinturón de seguridad puesto, porque es exponencial.

Hay formas de sacar utilidades en un corto plazo, aprovechando su estructura, pero no es la raíz del negocio.

Ahora, existe también el Mercadeo de Afiliados, que en mi concepto es un Mercadeo Multinivel con alas cortas. Es decir que le permite tener un ingreso, pero la estructura del negocio no permite que existan varios productos o servicios vinculados a su negocio. Normalmente los he visto por situaciones puntuales.

El Mercadeo de afiliados es la práctica como agente externo de una empresa para recibir una comisión sobre los productos vendidos a las personas que usted refirió, por ejemplo un 10% de lo que consuma su referido en un restaurante.

Este método funciona muy bien con aquellas personas que tienen Blogs y websites donde promocionan sus preferencias. Inclusive este modelo requiere un largo tiempo de trabajo antes de conseguir resultados. Una empresa que ofrece este tipo de marketing es la mundialmente conocida Amazon.

Entonces, si empresas tan reconocidas como Amazon a nivel mundial usan esquemas similares a los Multiniveles, porque en el momento en que nos hablan de uno de ellos, esto nos repugna o salimos corriendo.

Bueno, la respuesta es muy dura, pero intentaré explicarla

más adelante.

Como quiero expresarle, el mercadeo de referidos toma diferentes nombres dependiendo básicamente de la forma de remuneración que le ofrezcan. Si usted recibe sólo un porcentaje por referir a alguien, este puede ser llamado "Afiliados", pero si adicionalmente usted recibe una remuneración por quién usted refiere y por quién esa persona refiere, hasta algún nivel de profundidad y/o lateralidad, eso es un "multinivel".

Claro, hay empresas que usan los "referidos" para su propio beneficio, tipo Facebook, pero usted no recibe nada de comisión por compartir un video o un anuncio en esa plataforma.

Lo que sucede es que por la forma que toma un multinivel, muchas personas lo asimilan a una pirámide. Pero nada más falso que eso. En una pirámide, el único que gana es el que inicio la pirámide y algunos que alcanzan a sacar su dinero y utilidades antes de que se desaparezca.

En un multinivel, alguien a quien un referido suyo haya inscrito, puede llegar a ganar más dinero que usted y obtener bonos que usted no recibirá. Eso depende de la estrategia con la que usted maneje su negocio.

Trataré de profundizar todos estos temas durante los siguientes capítulos.

CAPITULO 0. ¿PORQUE?

Sé que es un poco extraño encontrar un capitulo 0 en un libro, pero realmente lo que quiero expresar es ajeno al tema del libro y por tanto fuera de su esquema y de su introducción.

Quiero hablar con usted querido lector para dejarle una inquietud que espero le ayude a analizar alternativas que seguramente le permitirán planear un mejor futuro.

Si usted adquirió este libro puede ser por varias razones, pero espero que entre ellas al menos haya contemplado el hacerlo buscando una guía para obtener mayores ingresos, ya sea a través de nuevas alternativas y/o del desarrollo de un multinivel.

Voy a iniciar por lo básico y asumir una situación en la que usted tiene su empleo o es propietario de su propio empleo.

¿Porque desde ese punto de vista? Pues porque pienso que este capítulo funciona mejor para ese perfil de personas. Muy seguramente para quienes ya han iniciado su multinivel, lo más conveniente es continuar con el capítulo 1. Aunque espero dejar inquietudes en aquellos que ya han iniciado un multinivel sobre temas que no hayan contemplado.

Quiero que contemple su situación financiera actual sobre dos temas.

1. ¿Su ingreso mensual proviene de ser usted empleado de alguna empresa, Trabajar profesionalmente en su propia oficina o consultorio o de ser dueño de un negocio?

2. ¿Cuánto del ingreso que utiliza para vivir proviene de esa fuente de ingreso? En porcentaje.

Bueno, ahora, Quiero que busque una respuesta a cada una de éstas preguntas.

¿Qué tendría que hacer para incrementar su ingreso mensual?

¿Buscaría otro trabajo adicional o mejor pagado, o trabajaría un poco más en su profesión o en su negocio?

Por las condiciones de nuestra sociedad, estamos acostumbrados a pensar que debemos trabajar más para obtener un mejor ingreso, o estudiar y especializarnos para buscar una mejor oportunidad laboral.

Así que si este es su caso, usted está pensando cómo debería pensar normalmente. Es lo común.

Pero en lo que quiero que piense es en casos extremos, por ejemplo, que la empresa donde trabaja entra en bancarrota y la cierran, que el edificio donde tiene su consultorio, oficina o su negocio sufre un incendio u otra catástrofe (un maremoto, una inundación, un terremoto, etc.). Casos y situaciones que se salen de su control.

¿Qué pasaría en ese momento?

Probablemente podría vivir de sus ahorros o con el apoyo de familia mientras consigue otro empleo. Y ¿qué podría suceder si vuelve a pasar lo mismo en su nuevo empleo o en nuevo consultorio o negocio? ¿Repetir el ciclo?

Y cuando sea por cuestiones de salud personal o familiar, ¿qué podría pasar?

Y por otro lado, digamos que consigue un segundo empleo, y un tercer empleo. ¿Cuántas horas al día puede llegar a trabajar sin acabar con su salud mental, emocional y física?

Esta es una situación finita pues las horas del día no se pueden ampliar, llegará un momento en el que no puede trabajar más horas y ese será su límite.

En este ejemplo estaría usted trabajando más y dedicando más tiempo a su empleo o trabajo, para ganar más dinero.

No quiero ser pesimista ni desearle malas cosas en su vida. Sólo quiero que usted aterrice esos malos pensamientos que probablemente a tenido a solas, pero que no sabe cómo hacer algo al respecto.

Probablemente en alguna de esas "crisis" de darse cuenta de su situación personal se ha encontrado con "amigos" o "conocidos" que le pintan maravillas con negocios de multinivel, con la posibilidad de salir de su situación económica en poco tiempo, o le ofrecen negocios que terminan siendo pirámides y usted le pone todo el interés y esfuerzo, pero no funciona o termina perdiendo dinero.

Bueno, la buena noticia es que no está sólo. Muchos están y algunos estuvimos en esa situación. Por lo que es posible salir.

La mala noticia es que depende de usted hacerlo, y para eso debe tener disciplina y hacer muchas cosas y cambios en su vida y forma de ser y de actuar. Y yo espero a través de este libro dar una luz sobre algunas de ellas.

Empecemos por darse cuenta que el multinivel no lo va a sacar de su situación financiera en el corto plazo. Si bien hay personas que han logrado hacerlo en muy poco tiempo, eso no significa que a usted le vaya a funcionar igual, por lo que depende de usted.

Veamos qué es lo básico de mi proposición.

No renuncie a su empleo, ni cierre su oficina o negocio. Todo lo que vaya a hacer hágalo al tiempo con su ingreso actual. La idea principal es cambiar su fuente de ingresos actual por varios ingresos y de ser posible que sean ingresos en los cuales entre menos tiempo le dedique, más dinero gane.

Se habrá dado cuenta que esto es contrario a lo que actualmente hace para conseguir sus ingresos. Por eso pienso que usted debe darse cuenta poco a poco que es posible lograrlo y que cuando le ofrecen alcanzarlo en poco tiempo, es su señal de precaución. Eso no es fácil. Pero no porque no se pueda. Si no porque seguramente intentará hacer el negocio de la misma forma en la que desarrolla su trabajo o profesión actual. Y ahí habrá un choque. Que generalmente resulta a favor de la costumbre.

Entonces, que estoy proponiéndole, que comience con lo básico.

Para tener una mejor situación financiera, se necesitan una de dos cosas, o las dos si es posible. O reduce sus gastos, o incrementa su ingreso.

Pero si reduce sus gastos, probablemente sea a través de recorte de gustos (ir a cine por ejemplo) e incrementar los ingresos, pues, eso ya lo comente arriba.

Entonces la idea es simple.

1. Reduzca sus gastos sin sacrificar su estilo de vida, con el reemplazo de productos que utiliza habitualmente.

2. Consiga un ingreso por ahorros que le permita ampliar su independencia en meses en caso de que pierda su empleo o su negocio.

3. Conseguir varios ingresos adicionales. De uno en uno para hacer las cosas bien. Pero significa que si por ejemplo su vida depende en un 95% del ingreso actual por su trabajo o su profesión, lo cambie a un 70% de su trabajo actual y un 30% en otro negocio. Aunque pienso que lo optimo puede ser un 25% de cada negocio.

Porque un 25%, si usted lo piensa, y llega a perder uno de esos ingresos, probablemente pueda vivir del ingreso de los otros 3. Un poco ajustado, pero lo puede hacer y su temor será menor. No espere que un negocio le dé ese 25% de una sola vez o en unos pocos meses, seguramente comenzará con un 1%, 2% o 5%, pero lo importante es que tenga posibilidades de subir hasta el 25% o más.

Porque cuando alcance ese 25% cada uno, deberá proyectarse

para que suban al menos hasta un 100% cada uno, lo que implicaría que usted va a tener 4 o 5 veces su ingreso actual.

Los puntos 1 y 2 son los que intentaré cubrir en este libro. Pero para el punto 3 sólo puedo hacerle recomendaciones, y esas son.

- Tome las cosas con calma, tenga en cuenta que va a cambiar sus costumbres de vida y no es fácil hacerlo en poco tiempo.

- Evalúe las ofertas con cabeza fría. Esto implica que no se deje llevar por el impulso. Analice, compare, pregunte, etc, antes de definir por cual irse. Puede ser su mejor amigo el que le proponga el negocio. Pero es usted quién lo va a desarrollar.

- Nadie le puede exigir que haga un sólo negocio. Si la oferta que le hacen le exige exclusividad, piénselo. No conozco multiniveles que exijan exclusividad, pero puede que existan. Si por ejemplo usted es enfermera y encuentra un multinivel de zapatos de enfermería, no implica que no pueda hacer otro multinivel de suplementos dietarios.

- Pero antes que nada seleccione cual va a ser su negocio primario y enfóquese en sacar adelante ese. No recomiendo iniciar varios multiniveles al tiempo, porque puede confundirse. Y por otro lado, como diferenciará cual multinivel le va a enseñar a sus prospectos. Qué imagen daría usted si llega con 3 multiniveles a hablar con alguien sobre las bondades del negocio. Van a pensar que no sabe para donde va.

- Cuando me refiero a iniciar varios multiniveles, voy en el sentido de que encuentre aquel con el que pueda identificarse, aquel en el cual encuentre ese tutor que lo llevará a desarrollarlo. No necesariamente tiene que iniciar varios. Si usted hace un análisis de las alternativas y opciones que presentan los multiniveles seguramente sabrá cual es el adecuado para usted, pero hay quienes prefieren la práctica y por eso pueden iniciar varios multiniveles.

Pero realmente, una vez que desarrolle uno de esos negocios y le funcione generándole ingresos. Estoy seguro que esos ingresos serán lo suficientes como para no preocuparse por los costos de otros productos que le ofrezcan en otros multiniveles.

- Tenga en cuenta su situación económica. Si es apretada, seleccione multiniveles que no requieran altas inversiones. Aunque considero que un buen multinivel no debería requerir de inversiones para iniciar, al menos no altas inversiones.

- Pruebe. Hay tantos multiniveles en el mercado que escoger el definitivo en la primera oportunidad requiere de un análisis muy profundo, muchas comprobaciones y contar con buenas estrategias de inicio. Pero usted puede probar a ver con cual se siente cómodo. Si no se siente cómodo, apoyado y bien dirigido, pues diga muchas gracias, hasta luego y busque otro. Ya encontrará el negocio que es para usted.

- Saque tiempo para sus nuevos negocios. Un viaje en bus

es una excelente oportunidad para leer un libro, escuchar audios de entrenamiento, familiarizarse con los productos y usos de su multinivel, conocer el alcance de los servicios ofrecidos en su multinivel. Una espera en una visita odontológica o para una entrevista de trabajo también lo son. Son esos pequeños espacios de tiempo y lo que haga con ellos lo que marcará la diferencia en su vida y en sus proyectos. Si usted sigue escuchando música, viendo partidos de su equipo favorito, videos o películas en esos espacios, pues su meta se irá desvaneciendo. Y no sera culpa del multinivel.

- Conozca muy bien sus productos y servicios, converse con los empresarios de su grupo, aprenderá que ellos usan los productos para otras actividades y de otras formas.

- Sea inquieto, busque nuevos usos para sus productos o servicios, seguramente cuando camine en la calle, en un centro comercial, o en el colegio de sus hijos encontrará formas adicionales para el uso de sus productos o servicios. No le ha pasado que cuando le gusta un modelo de automóvil, por ejemplo una camioneta GMC de doble cabina, comienza a verla más seguido de lo normal.

Cuando usted se comprometa con su negocio de multinivel, le aseguro que va a ver usos en donde no creería.

- No inicie otro negocio hasta cuando el que está desarrollando no crezca mensualmente, de forma constante y de ser posible sin que usted haga algo. Ese es el punto de inflexión de un negocio, que crezca sin que usted este al frente sacándolo adelante.

Espero que me haya dado a entender. Sobre todo con aquellos que no conocen los multiniveles y/o que están inconformes con los ingresos actuales en sus trabajos o profesiones actuales.

Es un reto muy interesante sacar adelante un negocio de este tipo y cuando logre, su única preocupación será el como disfrutar el siguiente día, el siguiente mes, el siguiente año. Porque sus ingresos están asegurados. Así que para que preocuparse por obtenerlos.

Ahora, retomemos el rumbo del libro.

CAPITULO 1. ¿QUE ES UN MLM?

Un MLM es un sistema que le permite crear sus propios ingresos, apoyado en opciones de productos o servicios y que busca que usted logre su independencia económica.

Presumo que si usted llegó a iniciar un MLM es porque buscó una alternativa a su empleo, un ingreso adicional o un ingreso pasivo.

Probablemente cuando usted habla con sus amigos, familiares o conocidos surgen conversaciones sobre cómo ganar más dinero para sus gustos, para cubrir faltantes presupuestales en su hogar o para alcanzar sus sueños, también pueden ser conversaciones sobre lo cansado que se encuentra en su trabajo, lo inconforme que esta con ese trabajo o con su jefe, el tiempo que lleva trabajando y no ha conseguido lo que quiere para su vida o situaciones similares que conllevan a que usted esté buscando alternativas diferentes.

Veamos primero sus alternativas para buscar un mejor futuro.

La verdad no son muchas y dependerá de los conocimientos que tenga en diferentes áreas. Trato de resumirlas sólo para unificarlas por el tipo de manejo que se le da.

1. Iniciar o crear una empresa o negocio.
2. Hacer Inversiones (En finca raíz, bonos, acciones, etc) que le generen un ingreso mensual del cual vivir.
3. Iniciar un negocio de multinivel o uno de venta directa.
4. Trabajar más tiempo

La primera alternativa, la de iniciar o crear un negocio se refiere a cualquier tipo de negocio, puede ser desde comprar y vender vehículos, tierra, verduras, propiedades, hasta montar un restaurante, un café internet, una lavandería, una peluquería, etc.

La segunda opción se refiere a cualquier tipo de inversiones que se puedan efectuar, en oro, petróleo, commodities, certificados de depósito, acciones, propiedades para rentar, taxis, ubers, etc.

La tercera opción, pues es la que quiero ayudarle a iniciar y a manejar. Y es aquella que le permite recibir ingresos inmediatos y residuales, desarrollando un negocio de Multinivel.

La cuarta opción es la más fácil, simplemente destine el tiempo que le queda libre después de su trabajo, para encontrar otro trabajo y ganar más. Lo único es que las horas del día se le acaban porque tiene que descansar o no podrá cumplir con ninguno de ellos y estará en una posición peor que en la que inició.

Ahora, si usted tiene el dinero para llevar a cabo la segunda opción, hágalo. No espere más, una vez que tenga un ingreso que cubra sus necesidades, podrá dedicarse a encontrar otras fuentes de ingreso para alcanzar sus metas. Asesórese correctamente para hacerlo.

Lo que mucha gente no sabe es que cuando se crea empresa o negocio (hablo de aquellos empresarios que inician sus negocios con muy pocos recursos) en la mayoría de los casos, las utilidades no dan para pagar un sueldo al dueño, usted cubrirá sus obligaciones, pero estará saltando de día en día para cubrir sus necesidades.

Por esta razón y por desconocimiento administrativo de los dueños de empresa, es que de cada 10 empresas nuevas, sólo 3 llegan al segundo año. Y de esas 3, sólo 1 llegará a los 5 años. No significa que la suya no pueda llegar a los 5 años, sólo que es un camino muy difícil.

¿Por qué la primera alternativa que las personas buscan para encontrar independencia económica es montar una empresa o un negocio?

Simple, porque no conocen otras opciones. Bien porque creen que como al jefe le funcionó, a ellos también, o puede ser que piensan que el negocio o producto es tan bueno o su receta es tan espectacular que todo el mundo se los va a comprar apenas abran las puertas del negocio y se van a llenar de dinero en 1, 2 o 3 meses.

Bueno, no quiero decepcionarlo, pero más adelante voy a intentar mostrarle una realidad que muy probablemente desconozca sobre crear empresa o ser independiente con una empresa propia, para que de esa manera le sea más fácil tomar una decisión.

Ahora, QUE ES UN MULTINIVEL.......

No es nada más que recomendar el uso de unos productos y/o servicios a sus conocidos actuales y futuros.

Si alguna vez recomendó los servicios de un electricista, un mecánico, un banco, una tienda, una película, un restaurante, etc. Usted ya sabe cómo hacer un Multinivel, o ya lo ha hecho, pero no se ha dado cuenta.

Entonces ¿Que es un MLM?

Son dos cosas.

1. Cambiar de Marca de Productos o Servicios que usted usa o que puede necesitar para su consumo.

2. Recomendar esos productos a sus conocidos

¿Complicado?

No,

Somos nosotros quienes lo hacemos complicado al pedirle a la gente que traiga 2, 3, 5, 10 o los que sean al negocio, o que invierta X dinero, o que asista a X cantidad de eventos.

Nada de eso es indispensable para hacer un negocio de MLM, pero si son un gran apoyo.

Algo que si es indispensable es el que a usted le gusten los productos o servicios del multinivel que vaya a desarrollar. Si no le convence la calidad o los precios de los productos o servicios. No lo haga. Busque otro con el que se sienta mejor.

Si por ejemplo usted es vegetariano y le ofrecen un multinivel de carnes, sería ilógico que usted desarrollara ese negocio. O si por el contrario usted adora la carne, de todo tipo, pero el multinivel le ofrece jamones encurtidos que cuestan 15 veces los que usted consume, salvo que los beneficios fueran gigantescos, no sería conveniente desarrollarlo. Se trata de que usted recomiende productos o servicios con los que se siente cómodo, que le encantan por su calidad o duración, por su variedad. Pero que además obtenga beneficios monetarios que compensen el que sean un poco más costosos.

Si le parece complicado hacer esas dos cosas, CONSUMIR Y RECOMENDAR, lo mejor es que continúe con su trabajo, se relaje y aprenda a disfrutarlo y le regale este libro a algún conocido, de pronto a esa persona se le puede facilitar el llevar a cabo esas dos acciones.

Ahora, permítame ponerle un poco en contexto todo. ¿Ha

visto empresas o almacenes donde le ofrecen puntos por sus compras? Donde le dicen que ¿si se registra como cliente le enviaran descuentos especiales? Donde hay programas de "Fidelidad" en donde ¿obtiene servicios "Gratis" por ser cliente?

Permítame decirle que esos son esquemas de Multinivel.

En mi concepto son esquemas Baratos de MLM.

Baratos porque sólo favorecen a la empresa que lo está creando. Cada vez que usted hace una compra, ellos le están cobrando por anticipado los descuentos que le van a dar o los premios que va a recibir, así que usted esta pagando por eso, no se lo están regalando. Y lo peor de todo es que es probable que usted recomiende que compren en X o Y almacén por los puntos que dan.

¿Le suena conocido? Usted está usando los productos y los está recomendando, pero el que gana es el almacén.

¿Porqué no hace lo mismo, pero que el que gane sea

Usted?

¿Alguna vez ha visto que un almacén haga un descuento del 10%, 30% o más en algún producto? Y ¿usted aprovecha esa oferta para comprarlo?

Porque no piensa un poco en esa situación. Si realmente pueden vender un producto con un 10%, 30% o más de descuento, o la opción de comprar 2 por el precio de 1 u otros, sin que esa empresa se quiebre o tenga que cerrar. ¿Porqué no lo venden más barato siempre?

Significa que usted está pagando SIEMPRE todos esos productos con un sobreprecio de un 10%, 30% o más. De ahí salen sus premios, puntos o lo que sea que ofrezcan.

Ahora, si grandes empresas y almacenes recurren a los MLM como herramienta de mercadeo para atraer clientes e incrementar sus ventas y sus ganancias. Porque sigue creyendo que los MLM no funcionan, o que son un invento de su sobrina, su tía, su amiga o cualquier otro.

A este tipo de circunstancias me refiero cuando le digo que no juzgue el mensaje por el mensajero. En otros países usan el "No juzgue el libro por la portada" pero creo que las dos expresan muy bien lo que intento decirle.

Hay libros especializados donde puede verificar el gran número de empresas y personas que a nivel mundial hacen este tipo de negocios. Hay inclusive páginas Web, revistas, y otros sitios en donde puede encontrar las mejores empresas de MLM que hay en el mercado. Este no es un invento de su sobrina, de su tía, de su amigo o de cualquier otro que le haya mostrado el negocio. Este es un esquema que le funciona a millones de personas en el mundo y que existe desde hace muchos años.

Así que ¿porqué no le funciona a usted?

La respuesta es tan simple y dura a la vez. El problema es USTED.

¿Muy directo?

Bueno, permítame ablandarlo para que me entienda.

Usted es quién tiene que usar los productos y encontrar la forma en que le sirvan, en que ahorre con ellos. Porque no se va a poner a comprar productos más costosos que los normales sólo por hacer el negocio. Si son más costosos, deben tener la alternativa de un mayor beneficio o ahorro por uso.

Desde el principio tiene que ser negocio para usted, y eso se refleja en el ahorro que pueda conseguir al usar los productos o servicios de su multinivel.

De lo contrario estará en un esquema como el de los almacenes que comenté.

Si su multinivel por ejemplo vende tiquetes aéreos, sería ilógico que usted pagara por un tiquete New York a San Francisco, el doble o triple que si lo comprara por una página de internet.

Usted tiene que hacer que le funcione a usted, para poder recomendarlo.

El problema es que muchas personas que entran al negocio, desean lograr las metas del multinivel lo antes posible y se saltan lo básico del negocio, el uso de los productos o servicios, y comienzan a vender la idea de que usted debe hacer inversiones en los productos o servicios lo antes posible. Que invierta $200, $500, $1000 o más dólares para que se obtenga un ingreso pasivo ese mes. Seguramente lo logrará, pero el problema no es ese. El problema se le presentará el siguiente mes, porque tendrá que hacer lo mismo.

Y eso, poco a poco y mes a mes lo irá llenando de un stock de productos que tardará en consumir. Sin contar la inversión en dinero que ha debido hacer para obtener esos bonos. Y si lo sigue haciendo mes a mes, se le convertirá en una bola de nieve que no podrá controlar.

Esto, es lo que daña terriblemente la imagen de los multiniveles.

Pero el problema es que nosotros queremos todo rápido y con el menor esfuerzo posible y apenas nos muestran el camino fácil, corremos a hacerlo, y al no funcionarnos, decimos que los multiniveles son pirámides o que eso no funciona.

Analice un poco esto, este es un tipo de negocio que le ofrece la posibilidad de tener un ingreso mes a mes, un ingreso que irá creciendo, con bonos lo suficientemente grandes como para pagar casas o carros en efectivo, que le da la opción de no trabajar y seguir recibiendo esos ingresos así usted se encuentre viajando.

¿Usted cree, que este tipo de negocio estable se construye en 1, 2 o 3 meses?

Si lo cree... o no tiene experiencia, o es muy ingenuo, o muy flojo o un ventajoso de miedo, y no se cual de todos es peor. De pronto la falta de experiencia es aceptable y corregible, pero para las otras me mantengo al margen para que usted lo analice.

Lo siento si lo ofendo, pero le comenté que en ciertas ocasiones iba a ser muy directo o crudo y muchos líderes de multiniveles no le van a decir esto. Seguramente algunos lo registraran, pero la verdad sus resultados no serán constantes, si es que logra alguno. Yo me atrevo a decirle esto de forma directa porque quiero que haga y logre resultados en estos negocios, y usted está comprando un libro para aprender. No intento que usted se inscriba en alguno de los multiniveles que desarrollo y lo que menos deseo es que usted pierda dinero o que por su actitud incremente la mala fama de algunos de los multiniveles.

Muchos líderes soportan a empresarios que sacan ventaja de otros afiliados con negocios distintos al multinivel, lo hacen sólo por el consumo que efectúan al final del mes, pero el daño que le pueden hacer a la estructura es muy grande. En el lenguaje comercial se usa una frase, "un cliente satisfecho atrae a 5 más, uno insatisfecho se lleva 20".

Si usted es un ventajoso, es su decisión, pero si es un

líder, debería contemplar el evaluar a quién desea entrar a su negocio. No solamente por respeto hacia los demás integrantes, sino también por estabilidad de su negocio.

Lo que le sucede a muchas personas, es que piensan que si no registran pronto a otras en su negocio, este no les va a funcionar y va a desaparecer, las acoge un sentimiento de urgencia, registran a todo el que le dice sí.

Y eso es una ruleta rusa. Corre el riesgo de que alguno de ellos termine acabando con lo que le ha costado construir. Tómese su tiempo para saber a quién le comenta el negocio, conózcalo, logre que consuma los productos y después si decida si lo invita a ser parte de su estructura.

Volviendo al tema del inicio, usted tiene que lograr que le funcione, ese debe ser su principal objetivo. Y por eso digo que el problema es Usted.

Porque si usted no usa los productos o servicios, no podrá recomendarlos.

Porque si usted no logra tener un ingreso o un ahorro en los productos o servicios que usa, no le está funcionando.

Porque si usted no tiene el dato exacto del dinero que se ahorra al mes con el multinivel que desarrolla, Usted puede pensar que no le está funcionando.

Porque si usted cree en las estrategias que esos ventajosos le dicen que desarrolle, Usted no podrá hacer un negocio estable.

Porque si Usted cree que iniciando este negocio en dos meses se convertirá en un millonario, usted no tiene los pies en la tierra.

Y finalmente, porque si usted no entiende el negocio, es porque la persona que se lo mostró, no lo sabe hacer y usted se quedará en un circulo donde solo usted puede decidir cuándo y como salir.

Pero esto no significa que usted no pueda corregir lo que

hizo y sacarlo adelante, pero depende de que usted lo quiera hacer.

Mi objetivo es darle las perspectivas, opciones y una pequeña guía para que saque adelante su multinivel.

¿A USTED Le gustaría sacarlo adelante....?

CAPITULO 2. ¿MLM O VENTA DIRECTA?

A pesar de que en el ambiente de estos negocios se consideran iguales, y en muchas situaciones funcionan de manera similar. Desde mi perspectiva habría que hacer una diferenciación.

Un Multinivel requiere que usted consuma sus productos y genere un consumo personal mínimo para que pueda acceder a los bonos en efectivo o en especie que le da la compañía.

Aunque puede ser usado adicionalmente como un esquema de venta directa para generar ingresos adicionales, la opción de venta directa NO es obligatoria.

Una empresa de venta directa requiere que USTED venda para obtener sus ingresos, bonos y beneficios, es Usted, con un catálogo ofreciendo productos o dejando que los clientes decidan que les gusta del catálogo y se lo pidan. En algunos de ellos, usted pide los productos a la empresa y si no le pagan sus clientes, usted debe responder por ese valor ante la empresa. En este esquema la venta es obligatoria. Si no vende, no gana.

Aún así, son alternativas para lograr su independencia económica, cada una de acuerdo a sus condiciones económicas, de tiempo y de actitud.

Desde mi punto de vista, yo no considero la venta directa como un multinivel.

Y he recibido muchos comentarios defendiendo la posición contraria y seguramente seguirán viniendo muchos a defenderlo, pero desde mi punto de vista, simplemente deje de vender o de entregar el catálogo a sus clientes o afiliados por un par de meses y vea cómo cambia su nivel de ingreso.

No quiero decir que sea una mala alternativa. Lo único que quiero hacer referencia es que su denominación como multinivel no es la correcta y que deberían presentarse como un negocio de venta directa.

Por ende, su manejo y desarrollo debe ser de una forma diferente al contemplado para un multinivel.

Eso es como si intentara manejar un vehículo de transmisión manual como si fuera de transmisión automática. No soy mecánico así que no se cual sería el resultado de hacer eso, pero seguramente no le funcionará igual. Puedo asumir que el vehículo no se movería de su sitio, pero puedo estar equivocado.

En el multinivel su ingreso también se puede estancar, inclusive reducir, pero será eso, estancado, más no dejara de recibir ingresos, es muy difícil que llegue a cero, pues si usted hace bien su trabajo, sus referidos no dejarán de consumir un producto o servicio que les ahorra dinero y/o tiempo. Un multinivel es "Uso y Recomendación". Hay puntos intermedios, pero los básicos son esos dos.

Por otro lado, la mayoría de las empresas con sistemas

de venta directa, cambian constantemente sus productos o servicios. En ocasiones eso es bueno, por ejemplo si el negocio es de vacaciones, pues es muy agradable pensar en cambiar de lugar para sus próximas vacaciones. Aunque existirán personas a las que les agrada pasar vacaciones en el mismo lugar como costumbre familiar.

Ahora, así me critiquen los líderes de los diferentes multiniveles.

Pero nadie le prohíbe a usted el desarrollar varios multiniveles o multiniveles y negocios de venta directa al tiempo. Usted puede hacerlo, pero por favor sea coherente. Si un multinivel le ofrece vitaminas, no sea un vendedor de catalogo de vitaminas de otra marca. No tendría sentido después intentar recomendar las del multinivel al que le compra por catalogo.

Pero hago claridad en lo siguiente. NO SE LO RECOMIENDO. No le recomiendo desarrollar varios multiniveles. Y estas son algunas de esas razones para no hacerlo.

- Conflicto en las estrategias de capacitación.
- Conflicto de intereses si llegan a desarrollarse productos similares.
- Pérdida de compromiso con los negocios desarrollados.
- Su atención se puede desviar.
- Proyecta una imagen de poco compromiso con el negocio que desarrolla.

Mi recomendación es que analice los multiniveles que existan en su país, evalúelos. Si considera inicie uno o varios para ver cómo funcionan y si logra el objetivo inmediato que se propuso.

Cuando encuentre ese negocio. Desarróllelo.

Otro aspecto a tener en cuenta en la venta directa es el conocimiento del cliente al que le ofrezca los productos o servicios.

Normalmente, en estos negocios, el cliente le dice a usted

en que productos o servicios está interesado y usted hace el pedido a la empresa. Una vez la empresa le despacha el pedido, usted debe entregarlo a su cliente y cobrarle por los productos o servicios.

Si el cliente le paga el pedido de una vez, usted está bien. Y seguramente será un cliente permanente al que deberá hacerle seguimiento con los catálogos posteriores.

Pero si su cliente no le paga al momento de recibir el producto o servicio, se le convierte en una cuenta por cobrar a la que deberá estar llamando o buscando personalmente para obtener el dinero, lo crítico viene a ser si el cliente se arrepiente o si sencillamente no le cancela por los productos o servicios.

Ahí es donde usted tiene que pagar a la empresa con su dinero. Y si obtiene un balance de los gastado en llamadas, tiempo en visitar al cliente y en lo que debe pagar a la empresa por el producto, probablemente no habrá obtenido mucho en utilidades.

En un negocio multinivel, los afiliados actúan como IBO (Independent Business Owner) o Propietario Independiente de un Negocio. Usted recomienda y compra lo que necesita para su consumo y sus referidos hacen lo mismo directamente ante la empresa, los bonos son consignados a usted después de los cierres de periodo. Así que no hay cuentas por cobrar ni clientes a quién perseguir.

Ahora, aquellos negocios que son denominados "Programa de referidos" es una especie de mezcla entre estos dos esquemas, el de multinivel y el de venta directa. Ya que usted refiere a un potencial cliente ante la empresa, con base al catalogo de productos o servicios, quién le cobra y le transfiere a usted su comisión.

El problema es que sólo le paga por el referido directo y no por los que refieren ellos. Por lo que no se genera el ingreso residual del multinivel.

CAPITULO 3. ¿MUNDO EMPRESARIAL O INDEPENDENCIA?

Bueno, ¿recuerda cuando le hable de las opciones que usted tiene para generar mayores ingresos o reemplazar su fuente de ingresos principal? Para con ello buscar y alcanzar todo lo que desea y que no ha podido conseguir por diferentes factores.

Quiero que veamos la alternativa de Iniciar o crear un negocio.

En este espacio quiero hacer aclaración que uso el mismo término para empresa o negocio, de cualquier tipo, tamaño o segmento.

Intentaré mostrarle lo que implica iniciarlo, ponerlo en operación y llevarlo hasta el punto en que sea redituable para usted.

Lo primero que usted debe tener en cuenta son los aspectos legales y organizacionales que deberá realizar para iniciar su propio negocio.

Vamos a suponer que usted conoce sobre el negocio que va a iniciar. Me refiero a que si por ejemplo va a iniciar un negocio de venta de electrodomésticos, al menos conoce de resoluciones de las pantallas de televisión, de dvd's, reproductores de sonido, etc.

EL MUNDO EMPRESARIAL

Lo primero a tener en cuenta es:

1. Registro Legal de la empresa (De Impuestos y Comercial)
2. Búsqueda y contratación de un establecimiento comercial, incluyendo el análisis de zona y de mercado.
3. Gastos en adecuaciones del establecimiento.
4. Búsqueda y Contratación de Personal (Interno y/o en Outsourcing).

5. Compra de Inventario inicial
6. Capital de Trabajo para los primeros 3 a 6 meses para cubrir Arriendo, Servicios, Salarios incluyendo el suyo, Impuestos (incluyendo amortización de pagos anuales y reservas), imprevistos, etc.

Por otro lado, estos son los gastos más comunes en un negocio que inicia:

1. Compras: Adquisición de menaje, materias primas, productos, insumos y demás para revender, ya sea directamente, sin alterar su forma original o después de efectuarles procesos de manufactura, empaque, transformación o cualquier otro.
2. Arrendamientos. Alquiler de establecimientos o locales, de equipos, de vehículos, de maquinaria u otros.
3. Trabajos realizados para usted por otras empresas. Como ejemplo si su empresa requiere de ensamble de equipos, adecuación de redes o piezas que deban ser fabricadas por otras empresas.
4. Mantenimiento y reparaciones programadas y/o

eventuales. Gastos presupuestados u originados para el buen mantenimiento de los equipos y del establecimiento de la empresa. Aquellos como Vehículos, maquinaria, instalaciones, terrenos, edificios, etc.

5. Servicios en outsourcing de profesionales independientes: Son aquellos servicios o procesos que deban ser efectuados por otras empresas. Como ejemplo pueden ser de búsqueda y contratación de personal, de servicios contables, de trámites, etc.

6. Transportes y Fletes. Son aquellos transportes o envío de mercancías a cargo de la empresa, realizados por terceros, cuando no vayan a ser pagados por sus clientes.

7. Seguros: Seguros de todo tipo para proteger su inversión. Sobre equipos, personal, activos, muebles e inmuebles, vehículos, mercancía, etc.

8. Sueldos y/o salarios.

9. Publicidad y relaciones públicas. Aquellos que debe usar para atraer y mantener los clientes.

10. Servicios: Internet, Teléfonos, Agua, luz, gas y cualquier otro servicio que requiera para el funcionamiento de su

negocio.

11. Otros servicios: Gastos de viaje del personal, incluyéndose usted, ya sea para atender citas con proveedores, supervisión o a clientes.

12. Comisiones bancarias y similares. Lo que le cobra el banco por tener su dinero en él. Tales como cheques, comisiones, impuestos, libretas, giros bancarios nacionales y/o internacionales, etc.

13. Impuestos. Todas las contribuciones e impuestos. Detállelas todas, conozco países en que esto es tan simple como un 20% hasta otros en donde llega al 65% o más.

14. Seguridad Social a cargo de la empresa. Aquellas contribuciones legales que debe pagar la empresa de acuerdo a los salarios pagados a los empleados.

15. Gastos financieros. Intereses de préstamos, descuentos sobre ventas, intereses, comisiones y gastos varios relacionados al manejo del dinero.

16. Pago de préstamos. Pago a capital de acuerdo a las cuotas de pago de los préstamos bancarios y/o

personales.

17. Impuesto a las Ventas. Impuesto pagado por compra de bienes o servicios.

Ahora, hay otros gastos que no son tan visibles, pero deben tenerse en cuenta.

18. Costos en Logística. Si parte de su servicio es el envío de la mercancía a sus clientes, debe establecer este costo de acuerdo a las condiciones de envío. Si estas condiciones incluyen una escala de precios de acuerdo al volumen enviado, debe saber controlar el costo exacto a cada envío, de lo contrario puede estar subsidiando costos pagándolos de su bolsillo.

19. Búsqueda y Obtención de clientes. Evalúe el tiempo que le toma explicarle a un cliente el beneficio de comprarle a usted, cuánto tiempo le tomó llegar a donde el cliente, las llamadas telefónicas que le hizo, el costo de esas llamadas, alguna invitación a un café o un almuerzo. Todo el proceso de relación de negocios que conlleva a obtener un cliente.

20. Modernización tecnológica. Computadores, Equipos de oficina o maquinaria obsoleta puede repercutir en la calidad de su producto y en los tiempos de fabricación y de entrega o despacho, lo que implica un mayor costo al dedicar más tiempo en su fabricación o entrega (almacenamiento), esto conlleva a mayores consumos de servicios y horas de trabajo. Sin contar el espacio que le da a la competencia de atender o despachar en menos tiempo.

21. Descuidos y deslealtad. Todos aquellos costos relacionados con los descuidos que llevan a un despilfarro de energía, agua, gas o cualquier otro. También debería incluir los pequeños hurtos, desde el material de papelería que acaba completando el surtido escolar de los hijos de los empleados hasta esos dólares de más con los que se cubren las comidas con clientes, de gasolina, transporte y demás.

22. El local. Cuando alquilas un local es necesario que revises muy bien las cláusulas del contrato para entender qué gastos te corresponden a usted y cuáles no. Algunos

de estos son negociables con el propietario. Si necesita hacer adecuaciones y si debe deshacerlas al entregar el local.

PUNTO DE EQUILIBRIO.

Esto es lo más crítico en un negocio propio porque muchos nuevos empresarios no saben cómo se estima este punto de equilibrio y mucho menos que éste se debe lograr con lo que quede de restar TODOS los gastos relacionados en el punto anterior de las ventas o ingresos que obtenga al entrar en operación su negocio.

Muchos empresarios toman las ventas diarias y las utilizan como caja menor, entonces cuando se presentan los pagos de salarios, arriendo y demás relacionados en el capítulo 3, no cuentan con los dineros para atender esas obligaciones.

Los empresarios suelen analizar con excesivo optimismo: los ingresos se suelen inflar y los gastos se tienden a subestimar.

Debe estimar cuántas unidades de su producto tiene que vender o cuánto tiene que facturar a sus clientes para, como mínimo, cubrir sus costos.

Otro aspecto es saber si tiene margen de descuento en sus costos antes de iniciar su negocio. Estos pueden ser por volumen de compra o similares.

Pero, este no es un libro de administración de negocios y sólo busco dar una idea general de lo que implica montar un negocio o iniciar una empresa. Si mantiene la idea de hacerlo, le recomiendo que se asesore con quién conozca sobre el montaje de empresas antes de emprender ese viaje. Porque normalmente si se inician mal, terminan siendo una estadística nada agradable y se va a encontrar en una posición económica peor de cuando inicio su negocio.

INDEPENDENCIA

En este momento estoy suponiendo que usted ya conoce los productos o servicios de su multinivel, que ya ha logrado que le funcione al menos con un ingreso adicional o como una reducción de costos y que esta buscando profesionalizar un poco su esquema para obtener mayores ingresos.

Veamos cómo sería ser empresario en el mundo de los Multiniveles. Para ello analicemos lo que usted necesitaría.

Le parece si tomamos los títulos de las relaciones y gastos del punto anterior para que sea más fácil la comparación.

Siendo así, la odiosa comparación sería.

1. Registro Legal de la empresa. **NO NECESITA.**
2. Búsqueda y contratación de un establecimiento comercial. **NO NECESITA.**
3. Gastos en adecuaciones del establecimiento. **NO NECESITA.**
4. Búsqueda y Contratación de Personal. **NO NECESITA.**
5. Compra de Inventario inicial. **NO NECESITA.**
6. Capital de Trabajo. **NO NECESITA.**

Por otro lado, estos son los gastos más comunes en un

negocio multinivel que inicia:

1. Compras. **NO NECESITA.**
2. Arrendamientos. **NO NECESITA.**
3. Trabajos realizados para usted por otras empresas. **NO NECESITA.**
4. Mantenimiento y reparaciones programadas y/o eventuales. **NO NECESITA.**
5. Servicios en outsourcing de profesionales independientes. **NO NECESITA.**
6. Transportes y Fletes. **NO NECESITA.**
7. Seguros. **NO NECESITA.**
8. Sueldos y salarios. **NO NECESITA.**
9. Publicidad y relaciones públicas. **NO NECESITA, aunque las relaciones públicas no están de más.**
10. Servicios. **NO NECESITA.**
11. Otros servicios. **NO NECESITA.**
12. Comisiones bancarias y similares. **NO NECESITA.**
13. Impuestos. **NO NECESITA.**
14. Seguridad Social a cargo de la empresa. **NO NECESITA.**
15. Gastos financieros. **NO NECESITA.**

16. Pago de préstamos. **NO NECESITA.**

17. Impuesto a las Ventas. **NO NECESITA.**

Ahora, hay otros gastos que no son tan visibles, pero deben tenerse en cuenta.

18. Costos en Logística. **NO NECESITA.**

19. Búsqueda y Obtención de clientes. Evalúe el tiempo que le toma explicarle a un cliente el beneficio de comprarle a usted, cuanto tiempo le tomó llegar a donde el cliente, las llamadas telefónicas que le hizo, el costo de esas llamadas, alguna invitación a un café o un almuerzo. Todo el proceso de relación de negocios que conlleva a obtener un cliente. **SI NECESITA**

20. Modernización tecnológica. **NO NECESITA.**

21. Descuidos y deslealtad. **NO NECESITA.**

22. El local. **NO NECESITA.**

PUNTO DE EQUILIBRIO.

Bueno...... creo que después de ver lo que NO NECESITA en este esquema, el punto de equilibrio sería el costo de un café con sus clientes en cualquier sitio. Si es que tiene que pagarlo.

Todos los insumos que usted requerirá los puede adquirir a medida que los vaya necesitando, sin tener que mantener inventarios de ninguna índole.

Pero no todo es color rosa. Es indispensable que usted le dé un sentido profesional a su negocio, llevando cuentas, haciendo seguimiento a sus clientes, sacando los costos y manteniendo un capital de trabajo.

Tendrá que hacer alguna inversión, en algún momento y por alguna circunstancia lo tendrá que hacer.

Lo importante es cuánto va a ser, como la va a usar o vender y si lo va a poder hacer. No se trata de que se endeude a menos que sepa cómo va a salir de esa mercancía. Es más, con un multinivel es factible que usted inicie su negocio sin inversiones, y sólo comprar lo que necesita sin mantener un stock de productos.

Ahora, no me malentienda. El desarrollo de un negocio multinivel no requiere que usted venda, no es necesario, no es indispensable, no lo haga si no le nace, no lo haga si no se siente capaz. Olvídese de las ventas, olvide que lo mencione....

El vender solamente es una alternativa para aquellos que pueden usar los productos o servicios de su multinivel como materia prima de algo que ya hacen, o en alguna profesión u oficio que ya desempeñan y pueden "USARLO" a nivel profesional. Y para aquellos inquietos que quieren ganar mucho más dinero mucho más rápido y encuentran en las demostraciones usos profesionales para generar un ingreso mientras su red se crea y se consolida.

Una especie de trabajo alterno en horas fuera de su horario normal de trabajo y que le puede generar un ingreso interesante.

Esta es una alternativa también para aquellos que podrían usar los productos o servicios de su multinivel como materia prima de su negocio actual.

Para ellos, el cambio de productos no sólo es a nivel personal sino también a nivel profesional. Pues estarían reemplazando productos o servicios que consumen en su día a día profesionalmente y en su hogar.

Debe tener en cuenta que puede ser que al escoger su multinivel, éste solamente le permita hacer el cambio a nivel profesional, pero es una alternativa.

Puede buscar otro multinivel para la parte personal. Pero investigue bien, porque es preferible encontrar un sólo negocio para desarrollar.

CAPITULO 4. ¿QUE PUEDE ENCONTRAR EN UN MLM?

Si tuviera que elegir una sola palabra, sería **LIBERTAD**.

Usted no puede imaginarse lo que es estar cómodo en su casa, o en el club jugando golf o cualquier otro deporte, estar de vacaciones permanentes, darse los gustos que quiera en el momento en que los desee, contar con una variedad de amigos en todo el mundo, viajar y disfrutar de la familia, sin la necesidad de pensar en cómo va a pasar el mes o como va a cubrir esos gastos imprevistos. Eso es **LIBERTAD**.

Pero cuál es el inconveniente en esta dicha. Pues lo primero sería saber que es un proceso lento y de constancia y lo segundo, que es a nivel mental, y es lograr asimilar que es un tipo de negocio completamente diferente a todos los que hemos visto, a uno que va en sentido contrario a como se hacen las cosas normalmente. A que se requiere cambiar el "chip" en su cerebro para poder desarrollarlo.

En el capítulo 0 de este libro hablaba sobre el hecho de que una alternativa de obtener ingresos adicionales, era que usted consiguiera otro trabajo y dedicara más horas a trabajar.

Ese es nuestro "chip" normal. Que la única forma de conseguir más dinero es trabajando más. Y el "chip" que trae este negocio es uno en el que una vez el negocio este tomando impulso, menos tiempo trabajará y mayor será su ingreso. Esas son formas de pensar diferente. Alguna vez vi que uno de mis socios hizo un gráfico en donde mostró que realmente estos dos conceptos van en sentido contrario.

Entonces. ¿Es usted capaz de cambiar su "chip".?

Aquí es donde las reuniones, los talleres y las charlas cobran sentido.

Son reuniones donde se encuentran soñadores, donde se encuentran personas con fines comunes para apoyarse, para mostrar otras alternativas de uso y goce de los productos o servicios y para sentirse que no están solos en ese nuevo "sentido" al que el resto de las personas critica o no cree que exista. Esa es una de las razones por las que a mis camaradas de grupo les digo los "SIN SENTIDO".

Muchas personas intentan desarrollar un multinivel desde la perspectiva natural, intentan acomodar todo a como lo hacen actualmente, y es aquí donde es crítico contar con un buen upline (que es quién le mostro el negocio y lo vinculo). Pero en ocasiones, ese apoyo viene de un downline (a quien usted no sabe como vinculó a su negocio).

Cuando es el downline, tenga por seguro que va a ganar mucho más dinero que usted y ojalá usted no se acomode a ese ingreso solamente.

Ahora, permítame confirmarle eso que esta pensando desde que inicio a leer este libro.

SI, su upline va a ganar dinero por lo que usted haga en su negocio.

Pero si para usted es más importante que la persona que le muestre el negocio no se gane ese 1%, 2% o 5% al hecho de que usted se puede ganar un 20%, 30% o 50% con lo que esa persona le puede enseñar, mejor no haga este negocio. Que el único gasto en que haya incurrido haya sido la compra de este libro.

Si para una persona es más importante no dejar ganar un 5% que aprender a ganarse un 50%, definitivamente este no es su tipo de negocio, porque sus downlines van a pensar lo mismo. Que usted no se gane ese 5%.

Entonces lo mejor es que se haga a un lado y deje que otras personas aprovechen este esquema de negocio.

Pero si usted puede superar esa situación y decide sacar adelante su multinivel, recuerde que este es SU negocio, y es

USTED el único responsable de que le funcione.

Su upline le va a enseñar, guiar y acompañar, pero es usted quién debe hacerlo. No espere a que se lo hagan.

Es increíble la cantidad de personas que inician este tipo de negocios con la perspectiva de inscribir a todo el que se le cruce por el camino. Con la esperanza de encontrar a alguien que entienda el negocio y lo desarrolle de tal manera que los vuelva millonarios sin hacer mucho más.

Pero son personas que no lograron que les funcionara, entonces como van a enseñar, y eso conllevará que a muchos de los que registraron no les funcione el multinivel y ellos comenzarán a expresarse mal del negocio.

Es una bola de nieve que inicia con la actitud con la que usted enfrente el negocio y la forma en que lo acompañen. No es culpa del multinivel.

Ahora, no es un tipo de negocio que va a ser de color

rosa. Me refiero a que son personas con las que tratamos todos los días. Y cada una tiene su temperamento y su forma de actuar y de pensar.

Seguramente tendrá diferencias con sus uplines, sus downlines, inclusive con prospectos. Pero eso no significa que el negocio de multinivel sea malo.

Usted debe estar en capacidad de analizar el negocio, logrando que le funcione.

Cuando el negocio le funcione a usted, cualquier diferencia con otras personas de su grupo o de otros grupos dejará de ser importante.

Eso es concentrarse en el negocio y en que le funcione a usted.

Supongamos entonces que he logrado captar su atención para enfrentar el negocio con profesionalismo y hacerlo para y por usted mismo.

Entonces lo primero que debe hacer es identificar que quiere lograr con su MLM.

1. ¿Reconocimiento?
2. ¿Dinero Permanente?
3. ¿Dinero Inmediato?
4. ¿Tiempo Libre?
5. ¿Independencia laboral?
6. O sencillamente ¿un ingreso adicional al de su trabajo?

Enumere los items anteriores en el orden que considere y de acuerdo a lo que desea, no por darle una calificación de prioridad, sino para que al final pueda dar un resultado concreto.

De lo que usted escoja, dependerá su nivel de trabajo en el MLM y su estrategia. Más o menos así.

Iniciando del más sencillo al más complejo. Organice los puntos anteriores de acuerdo con su necesidad y comience a llevarlo a cabo. Voy a poner el esquema que yo utilice, sin que eso signifique que sea el suyo.

Yo trabajaba en una multinacional, y adoraba mi trabajo, pero eran jornadas laborales largas y a veces no podía ver a mis hijos cuando se acostaban y solo alcanzaba a despedirme de ellos en la mañana antes de que salieran para las escuelas. Así que el ingreso no era un problema, mi problema para iniciar era el tiempo. **Tiempo Libre.**

Inicie varios multiniveles hasta que me encontré con el que me sentía a gusto y era el más simple para mí. Productos que reemplazaran algo que tenía que comprar por obligación para mi casa y para mí uso personal y de mi familia. Vi muchos, algunos más interesantes que el que iba a iniciar por su remuneración. Pero me implicaría aprender algo nuevo y no reemplazar algo.

Vi multiniveles de belleza, que por supuesto, sólo podía usar mi esposa. De salud, que eran de bajo consumo mensual y mis pocas dolencias no me ayudaban. De muebles, de electrodomésticos y otros.

Una vez que encontré mi negocio definí que mi prioridad sería **generar un ingreso adicional** a través del ahorro que tendría en el uso de los productos.

Fue un proceso de cerca de un año, hasta que logramos un ahorro del 70% de nuestros gastos mensuales en los productos que reemplazamos.

Sin embargo, durante ese periodo algunos conocidos fueron entrando al negocio, lo que nos significó obtener ingresos extras por lo que ellos consumían. Eso sería un **Ingreso Adicional**.

Mi esposa aprendió algunas aplicaciones profesionales en los talleres, con lo que prestaba algunos servicios a interesados. Eso significó un **ingreso inmediato**.

Cuando sus clientes aprendieron que lo podían hacer directamente sin pagarle a mi esposa. Algo que fuimos enseñándoles poco a poco. Nos implicó dejar de recibir parte de ese **ingreso inmediato** porque siempre conseguíamos clientes nuevos. Pero ese **ingreso inmediato** que se perdió se convirtió en un **ingreso permanente** al convertirse los clientes en consumidores y ampliar la gama de productos con que iniciaron a muchos más.

A medida que el ciclo se repetía, con nuestros referidos directos y sus referidos, el negocio comenzó a estabilizarse, y en el momento en que logramos reemplazar mi ingreso laboral por el que percibíamos de nuestro negocio multinivel. Eso nos dio **independencia laboral**.

Tenga en cuenta que mi ingreso laboral era alto, por lo que mi independencia laboral no era sencilla. Y obviamente esta **independencia laboral** venia acompañada de algo que añore por muchos años. **Tiempo Libre**.

Mi reconocimiento lo alcancé cuando mis frontales lograron su **tiempo libre**.

Y créame cuando le digo que esa es la mayor satisfacción en este negocio, al menos para mí. Lograr que personas que creen en su visión logren lo que el negocio promete. No hay satisfacción más grande que poder compartir con ellos estas experiencias y ver que día a día más personas logran ese objetivo. Ese es mi reconocimiento personal. Yo no necesito aplausos ni medallas. Me basta con la sonrisa de ellos para saber que he hecho algo bueno.

Ese fue nuestro proceso. El orden que pusimos a nuestras prioridades, pero usted debe seleccionar su orden, ya que para usted puede ser primordial un ingreso inmediato antes que nada. Realmente eso sólo lo sabe usted.

Veámosla en orden numerativo, del listado. Colocando en primer lugar nuestro objetivo, nuestro orden fue 4,6,3,2,5,4.

¿Ven como se cierra el ciclo cuando se logra el objetivo? Para mí nunca fue prioritario el tener reconocimiento. Pero si para usted lo es, ubíquelo en el listado.

El listado busca solamente que usted defina una ruta de trabajo y unas metas.

Ahora, es tiempo que usted las defina, escriba un número al frente de cada una de ellas para que defina el orden en el que va a iniciar. Y vamos para adelante.

Le recomiendo que escriba al frente de cada una, la meta que usted considere con que se va a cumplir. Por ejemplo, para un ingreso adicional, en ahorro, calcule con cual se sentiría cómodo. Ej. $500 dólares. Ese fue el mío, pero el suyo puede ser mayor o menor. Pero, por favor, no se vaya a un extremo hacia abajo, porque puede caer en el conformismo. Sea exigente con usted mismo.

Me atrevería a recomendarle que fuera el 10% o 20% de su ingreso por sueldo.

Dele un margen de falla por eventualidades de un 5%. Así cuando llegue por ejemplo a un 15% mensual de ahorro de su sueldo. Puede buscar una meta de un ingreso adicional de un 20%.

Después que tenga definida la meta en valor o porcentaje, escriba una meta en tiempo. Fíjese que para mí, la meta de ahorro nos tomó casi doce meses. Sin embargo hicimos otras actividades en medio, pero fueron establecidas a medida que el ahorro tomaba fuerza. Cuando vimos que se lograba un 20%, un 40%, un 70% del ahorro programado, fuimos ampliando esas actividades que ya mencione. Pero usted debe fijar sus metas y tener la actitud para lograrlas, porque se ven bien en el papel, pero se siente supremamente bien en el bolsillo y en la actitud.

Ahora, no hay forma amable de decir esto. Pero por favor. No se gaste lo que está ahorrando. Siga viviendo bajo los mismos parámetros de su sueldo, viva de su sueldo. Lo que ahorre y consiga adicional busque alternativas que le permitan generar un ingreso adicional.

Un autor con el que me identifico completamente y del cual aprendí mucho sobre el manejo financiero es Roberth Kiyosaki. Y en uno de sus libros el comenta que cuando se desea comprar algo, en su ejemplo un auto supremamente lujoso, se debe buscar una inversión que genere un ingreso para tener el auto, pero manteniendo el capital con que se hizo la inversión.

Situándolo en un ambiente un poco más real, si como ejemplo usted desea comprar una nevera más grande. La recomendación **NO** es que tome de sus ahorros y la compre. Porque estaría gastando su dinero.

La recomendación sería reunir el dinero con ahorros, conseguir una inversión donde usted coloque el dinero de esa nevera y con lo que le produzca mensualmente esa inversión pague la nevera. De esa manera usted mantiene su ahorro, pero compra lo que necesita o quiere. Y este esquema lo debería escalar a cualquier otra cosa que desee. Una casa, un auto, un viaje, etc.

Ahora, que donde se consiguen esas inversiones, bueno, ese es tema de otro libro, escrito seguramente por asesores financieros, aunque en el mercado hay varias alternativas.

Pero por favor, asesórese bien. Tenga en cuenta

diferentes opciones y precauciones. Es su dinero, el que ha ahorrado con esfuerzo, así que no se lo entregue a su vecino o lo invierta en la recomendación del tío del amigo del primo de la hermana del vecino de la peluquería. Porque si pierde su dinero, pues fue su decisión, no culpa del multinivel que desarrolló.

CAPITULO 5. ¿ACTITUD PARA DESARROLLAR UN MLM?

Antes que nada hágase este pregunta.... ¿TIENE LA ACTITUD PARA UN MLM?

Suena ridículo, pero ¿Usted compró el original de este libro? O ¿se lo prestaron, o le sacó copia? Porque si no lo hizo, si no está dispuesto a invertir 5 dólares en un libro que le busca aclarar sus dudas y mostrarle un camino a su independencia financiera, muy seguramente los MLM no son para usted, no le gaste más tiempo. Perdón lo directo.

Si ha pensado en hacer negocios alternos (como venderles copias de este libro a sus referidos) con las personas que están llegando a su MLM, usted no sabe lo que está haciendo. Mejor no siga en su MLM.

Si está pensando en sacar copias de este libro para entregárselos a su línea o vender copias impresas por usted más económicas, usted no ha entendido lo que es un negocio de MLM.

Si usted vende copias del material de apoyo de su MLM (libros, Cd's, DVD's, etc), usted no ha entendido lo que es un negocio de MLM.

Su negocio son los productos o servicios que le ofrece su multinivel, no vender copias de la información. Es como si el dueño de un colegio privado se interesa más en el servicio de transporte para estudiantes que en prestar una buena educación. El negocio del dueño es la educación, no el transporte. Y en ocasiones puede estar solucionando problemas con los buses y no prestando la atención necesaria a la calidad de los profesores o de las instalaciones del colegio.

Parece poca cosa, pero eso lo desviara de su objetivo. Así que dedíquese a su negocio de multinivel.

Tampoco busque soluciones para aquellos que no tienen una tablet o un celular para leer este libro. En ese momento es el negocio de ellos, y ellos tendrán que buscar como leer la información. Si usted les facilita las cosas se acostumbrarán a que les solucione todo y hasta que les desarrolle el negocio. Hay muchas personas interesadas en aprender y sacar adelante el negocio. No se desgaste con los que quieren que les haga todo. Eso no le dará estabilidad a su negocio. Usted estará solucionando situaciones de otros participantes permanentemente.

No niego que hay situaciones retadoras que probablemente le ayuden a mejorar su negocio y sirvan para enseñárselas a otras personas de su grupo. Pero ¿realmente cree que facilitarle un reproductor MP3, una tablet, un libro o cosas similares hará que su negocio funcione mejor?.

En situaciones retadoras me refiero a que en ocasiones en el uso de un producto o servicio se encuentra una situación poco común, o se identifica un nuevo uso. Eso si ayuda.

Bueno, desde mi punto de vista hay 3 tipos de personas haciendo este negocio. El Profesional, que conoce hasta como sacar ventaja de los beneficios en impuestos que este tipo de negocio le da. El Inconforme, que saca provecho de este negocio para reemplazar su trabajo actual a fin de convertirse en independiente, y el Facilista, que cree que lo único que hay que hacer es meter gente que haga grandes compras para él ganarse su pensión definitiva. ¿Cual es usted? Y ¿Cual es su Upline?

Ahora, como dije antes, no juzgue el mensaje por el mensajero, si de casualidad su upline es del último tipo, no significa que el Multinivel sea malo, sólo que usted va a tener un dolor de cabeza con su upline para sacar adelante su negocio, pero si saca provecho de este tipo de libros, lo podrá lograr.

Antes que nada, usted tiene que analizarse y reconocer quién es usted y como va a enfrentar el negocio, para poder fijar una estrategia de inicio.

Por sentido común, sólo las dos primeras estrategias usadas por cada tipo de persona son mis recomendadas, la tercera puede funcionar, pero deben coincidir varios planetas, con universos alternos, mareas y algunas erupciones volcánicas, para que ese Facilista encuentre a una persona que entienda el mensaje y reconstruya el camino. O tener una suerte muy buena.

Por favor no malentienda las definiciones, ya que usted podrá encontrar líderes que en su momento fueron excelentes Profesionales o Inconformes, eso los llevó a grandes calificaciones, pero que se volvieron Facilistas y su negocio dejó de crecer. Pero seguramente y tarde o temprano se darán cuenta de donde se equivocaron y corregirán para seguir adelante. Aunque también existirá el que sencillamente con lo que recibe es suficiente y no corrige, o aquel que nunca se dará cuenta donde se equivocó y todas las personas dirán que lo logró con suerte. De todo se ve en este mundo.

Desde mi opinión esa actitud facilista surge cuando se hacen reuniones grandes o grupos grandes, se pierde esa relación 1-1 con sus frontales y se convierten en roscas, que son buenas y lo único malo es no estar en ellas. Pero eso no debería pasar si se busca un negocio estable para todos.

Obviamente en grupos grandes se encuentra una mezcla de todos estos tipos de personas, y terminan haciendo estrategias de consumo, de entrenamientos, etc. Que no son malos, pero soy del tipo de personas que piensa que para que una persona aprenda, es mejor la relación 1-1 y no 1-5000 por poner un ejemplo.

Otra actitud que no le va a ayudar tampoco en este tipo de negocios es no confiar en el sistema.

Le pongo un ejemplo, si usted es chef o tiene un restaurante, y encuentra un multinivel que tiene dentro de sus productos o se dedica exclusivamente a ofrecer equipos de cocina. Sin ir tan profundamente digamos que ofrece sartenes, ollas, cuchillos, etc. Que son de muy buena calidad, ¿no le parecería ilógico no hacer ese multinivel?

Igual usted tendría que comprar esos insumos para su labor o profesión. Y si el sistema le ofrece que lo entrena para el uso de esos implementos, no le parecería lógico entrenarse. Todo el tiempo es posible aprender cosas nuevas, y eso hacen las capacitaciones.

Ahora, porque no convertir esa oportunidad en una alternativa para tener un ingreso adicional.

Si las cosas son tan simples, ¿porque muchas personas no lo hacen?

Mi conclusión es que se enfocan en lo que se ve en la superficie y no en lo que puede encontrarse en el fondo. Ven solamente el costo relacionado al insumo que va a utilizar. Porque seguramente el costo de compra de esos insumos es mucho mayor que si compraran los de otra marca.

Se concentran en ese primer impulso de ahorrar, en esa primera reacción que todos los que en algún momento vivimos al día, tuvimos. No es fácil romper esa costumbre. Y le aseguro que así lo logre hacer una primera vez, cuando se presente nuevamente, volverá a replantear el multinivel por ese costo. Es más fácil para aquellos que cambian su insumo de trabajo que para los que vamos a cambiar productos de uso. Porque?, pues sencillamente por el tiempo de uso.

Volvamos a los ejemplos. Imaginemos un Veterinario que está en un multinivel que le ofrece productos para la salud de las mascotas. Seguramente es un producto que usará diariamente y que los reemplazará varias veces por semana. Eso le permitirá dejar de pensar en el ahorro inmediato al momento de la compra y seguramente verá los ingresos por referidos, por volumen de consumo, por venta, etc. en sus extractos mensuales.

Pero si por el contrario, es una persona que desarrolla un multinivel de zapatos, que es un producto que regularmente se cambia cada 3 o 4 meses, en ocasiones en un tiempo mayor. Pues existe un mayor riesgo a la comparación del costo de compra.

Este es un punto de análisis en la selección de un

multinivel, pues muchas personas tienden a dejar a un lado su proyecto de multinivel por no recibir ingresos inmediatos, pero no se dan cuenta que el tipo de producto o servicio y uso de los mismos afecta directamente su ingreso potencial.

Pero realmente, lo que está en el fondo es lo que hace este tipo de negocio tan maravilloso. Y es a donde lo quiero invitar a llegar.

En ese fondo usted encontrará que realmente el costo beneficio de esos insumos del multinivel es mucho mayor que el ahorro de dinero en la compra inicial, probablemente porque duran mucho tiempo más, porque los bonos hacen que el costo al final sea igual o menor que los más baratos que vio en el mercado y seguramente porque los regalos de su multinivel le darán unas grandiosas vacaciones u otras cosas para disfrutar.

Sólo como analogía, siempre he pensado que a la mayoría de los conductores de vehículo, su perspectiva acaba donde termina el capó de su propio automóvil o en los stops del vehículo que va adelante y cuando el vehículo de adelante frena de repente, se accidentan.

Son muy pocos los que se atreven a manejar viendo a través del vidrio del carro que va adelante. Aunque eso seguramente los salve en un accidente dándoles mayor tiempo de reacción ante cualquier circunstancia.

Pero si usted cree que puede ver un poco más allá de ese primer impulso del costo, pues es un gran avance. Lo importante va a ser mantener el control sobre ese primer impulso y ahí requerirá un poco de disciplina o costumbre.

Lo siguiente que debe hacer es identificar que es lo que no le gusta de su MLM. Suponiendo que ya haya iniciado uno o haya escogido alguno para iniciar.

Le pregunto, ¿Qué no le gusta de los multiniveles?

1. ¿Las reuniones?
2. ¿El pago de asociación o costo mensual?
3. ¿El que deba leer?
4. ¿No tener resultados?

5. ¿Los Productos y/o servicios?

6. ¿El Vender?

7. ¿El hablar con la gente para contarles el negocio?

8. ¿El gasto mensual en compras?

Si su conclusión es la número 5. Busque, analice y escoja un nuevo multinivel. Existen miles en el mercado, imposible que no encuentre uno que se adapte mejor a sus condiciones, recuerde el análisis que hice al que actualmente desarrollo a nivel personal, vea las alternativas, sus limitaciones de tiempo, dinero, personales, etc.

Si su conclusión es la número 2 y/o la número 8, por favor dedíquese a otra cosa. Perdón lo brusco al decir las cosas pero nadie se lo va a decir. Seguramente lo registran, pero usted se convertirá en una de esas personas que hablan mal de los multiniveles, porque está más concentrada en el gasto que en el beneficio que puede recibir.

Imagínese que usted se registra en un Gym, y en vez de sacar el mayor provecho a su membrecía asistiendo todos los días, simplemente sigue pagando la cuota mensual y deja de asistir al Gym. Seguramente se molestará de seguir pagando, pero si realmente usara el Gym, mejoraría su salud y su cuerpo. ¿Cuál sería la mejor alternativa? Seguramente sería cancelar la membrecía. Es igual acá, si usted se concentra en el pago que debe hacer (aunque tenga en cuenta que no todos los multiniveles lo exigen, algunos no hay pagos o gastos mensuales) pues seguramente lo mejor es que se dedique a otra cosa, pero si le saca provecho a todo el negocio, muy seguramente el pago (si lo hay) va a ser un accesorio fácil de olvidar.

Pero no todo es malo, si a usted le llama la atención el 1 y/o 3 y está dispuesto a aprender. Tiene salvación. Su upline necesitará hacerle un exorcismo para que empiece a cambiar su "chip", pero es factible.

Pero si su selección es el 4, 6 y/o 7, seguramente le sacará jugo a este libro y logrará avanzar en su negocio multinivel.

Simple. ¿NO?

CAPITULO 6. ¿QUE DEBE HACER EN UN MLM?

Tomando el título de este capítulo, después del análisis previo del capítulo anterior, el que logra resultados en los MLM hace cuatro cosas:

1. APRENDER TODO LO QUE LE ENSEÑAN
2. HACER TODO LO QUE LE DICEN
3. MEJORAR LO QUE LE ENSEÑARON ADAPTANDOLO A SUS DOWNLINES y
4. ENSEÑAR TODO LO QUE APRENDIO

Es SU negocio. USTED es el que debe preocuparse de que funcione, si su Upline le da indicaciones para hacer el negocio y usted no las sigue, si no cumple con sus compromisos para hacer que le funcione, fijarse metas a corto, mediano y largo plazo, mostrar el producto y el negocio a otras personas, si no se preocupa por conocer el producto, el negocio, etc. ¿Cómo espera que le funcione?

No trate de adaptar el negocio a usted. Usted tiene que adaptarse al negocio.

Eso no implica que usted no pueda inventar cosas para que el negocio le funcione mejor, pero busque que lo que invente sea duplicable, que las personas a las que usted le va a enseñar el negocio las puedan hacer.

Imagínese que uno de los productos de su MLM es una cera para carros que una vez aplicada resiste rayones y dura por 1 año. Y usted esta en capacidad de comprar un carro para hacer las demostraciones de ese producto. ¿Cuántos de su línea de auspicio estarían en capacidad de comprar un carro para hacer esas demostraciones?

Seguramente la empresa de MLM de ese producto, tendrá una demostración más práctica con un pocillo o alguna otra cosa, que es más duplicable que el comprar un carro.

Pero usted se podría inventar una demostración del producto con el celular, en caso que fuera posible. Eso sería mucho más duplicable. Pues son más las personas que portan el celular que aquellas que llevan un pocillo con ellas. Y seguramente verían la practicidad en usar la cera en el celular.

Ahora, si el problema es que usted piensa que su upline no lo apoya lo suficiente, busque un tutor, investigue, asista a las capacitaciones, encuentre la estrategia que mejor le funcione. Tome este libro como un manual para desarrollar una estrategia. Pero no espere que su Upline le haga su negocio.

Es usted el que debe hacer que su negocio funcione. Su Upline es un apoyo y un guía.

Eso es en cuanto se refiere a Usted. Pero viene la pregunta difícil. ¿Realmente su upline ha hecho el negocio o solo está calificado?

Oooppppssss, perdón si lastimo sensibilidades.

Esa respuesta se obtiene con la respuesta a otra pregunta: ¿Su upline ha RE Calificado?

Una persona que RE Califica, es una persona que está haciendo bien su trabajo de guía y que su negocio crece constantemente. Si una persona califica, pero pasan 6 meses, 1 año o más y no RE Calificó. Algo dejó de hacer o lo está haciendo mal.

Cuando me refiero a Upline no quiero ser específico con la persona que le mostró el negocio, porque puede ser que ella hasta el momento sólo haya logrado que le funcione en lo básico.

Acá usted puede analizar dos situaciones. La primera es si quién le mostro el negocio le puede mostrar sus resultados de ahorro. Y la segunda es preguntar si el upline de quién le mostro el negocio se ha RE Calificado. Intente verlo un poco más allá, porque todos ellos son parte de su negocio y muy seguramente estarán dispuestos a ayudarle o guiarle.

La primera vez que explique la opción de negocios, me preguntaron cuanto ganaba en el negocio, cuánto tiempo llevaba haciéndolo y que calificación tenía.

Yo creo que de cada 100 explicaciones de negocio, al menos en 95 de ellas me hacen las mismas preguntas.

Lo que la gente no sabe es que calificarse es fácil. Sólo necesita hacer una inversión alta para lograrlo.

El Problema es RE Calificarse. Y eso, mis queridos camaradas es en donde está el dinero y el crecimiento.

Bajo estos parámetros, es supremamente importante que usted conozca a su upline. Separe la amistad que lo ata a su upline, al menos por unos momentos para que pueda buscar el rumbo que necesita.

Entonces, Como lo comente, el primer paso es

APRENDER TODO LO QUE LE ENSEÑAN.

Esto implica que usted conozca de qué se trata su multinivel. Muchos multiniveles cuentan con videos en internet para saber cómo sacar lo máximo de sus productos y/o servicios. Pero también va de la mano con lo que su upline le va a enseñar.

La forma en la que nosotros lo hacemos es enseñándole a los recién llegados a ahorrar con el reemplazo de los productos en sus casas, oficinas y/o negocios, a nivel personal, etc.

Otros uplines usan las reuniones para enseñar estrategias de mercadeo, de uso, de contacto, etc. También se apoyan en las empresas de los multiniveles para los entrenamientos.

Hay muchas formas en las que usted puede aprender todo lo referente a su multinivel, y de muchas personas. Haga una lista de alternativas, evalúelas, identifique con las que no se siente cómodo. Y póngalas en orden. Mi recomendación es que haga todas las alternativas que le plantean, varias veces, llegará un punto en el que no las usará todas, pero debe conocerlas porque las que no le funcionen a usted no significa que no le puedan funcionar a otras personas que usted invite. Y si usted las descartó porque no iban con su forma de trabajar, puede estar perdiendo un gran líder al que si le hubieran funcionado.

Veamos el segundo paso.

HACER TODO LO QUE LE DICEN

Mmmmmm.... no veo una forma suave de decir esto.

Ha escuchado la canción "SHUT UP AND DANCE WITH ME". Pues la letra no aplica mucho, pero el título lo dice todo.

No quisiera herir susceptibilidades, por lo que no voy a traducir el título, pero si lo busca en Google seguramente entenderá lo que quiero decir.

Usted quiere iniciar un negocio muy interesante, hay una o varias personas a las cuales les conviene que usted haga el negocio y sobretodo, que a usted le vaya bien en él. No solamente porque usted verá los beneficios del mismo, si no que ellos también obtendrán beneficios por enseñarle. Esas personas están dispuestas a guiarlo, a enseñarle, a asesorarlo, a acompañarlo y mucho más.

Entonces, porque quiere llevarles la contraria. "Shut up and dance with them". Ya habrá oportunidad para contradecir, corregir y mejorar, pero al principio, sólo siga las instrucciones para hacer que le funcionen los productos y/o servicios a usted.

Acepte la información que está recibiendo del grupo al que entró. Asimílela, póngala en práctica, siga sus indicaciones, aprenda, pregunte. Pero sobre todo no trate de cambiarla hasta que pase esa primera etapa de hacer que le funcione a usted.

A que me refiero con eso. Primero escuche y haga todo lo que le digan en cuanto al uso de los productos o servicios. Seguramente escuchará en reuniones u otros eventos que deberá exponer el negocio u otras actividades. Pero concéntrese en que le funcione a usted primero.

Participe de los eventos porque en ellos encontrará formas de uso de esos productos o servicios, trucos y alternativas que le pueden servir para fortalecer ese ahorro en usted y sus actividades.

Pero si en una actividad le proponen usar un producto para carros en reemplazo de un jabón de loza, por costos, calidad, etc. Pues no se ponga a discutir el porque si es para carros lo va a usar en un plato. Simplemente hágalo. Pregunte el costo beneficio de hacerlo para que sepa como evaluar el ahorro que va a tener y lo pueda controlar en su presupuesto.

Toda la información comercial, administrativa y de uso de productos y/o servicios es útil, pero a su debido momento. Esta información se maneja, se utiliza y se aprovecha en las siguientes etapas de crecimiento del negocio. Pero en este momento, estamos enfocados en aprender sobre los productos o servicios de su multinivel. Hasta que logre conocerlos, usarlos y aprovecharlos para obtener un ingreso por reducción de gastos, no le recomiendo que intente ir más allá con la información recibida.

Hay grupos que dentro de sus estrategias de crecimiento desarrollan actividades comerciales al inicio de todos sus recién llegados y eso les funciona. Es probable que usted tenga que hacer lo mismo con algún recién inscrito que quiera correr en este negocio y lograr metas muy rápido.

Pero llegará un momento en su negocio que usted deberá evaluar. Y ese momento es aquel en el que debe identificar si estos nuevos integrantes inscriben personas para que hagan grandes compras o sencillamente lograron que les funcionara el negocio en mucho menos tiempo que a usted o que a otros en su grupo.

Si lo que están haciendo es inscribir personas para que hagan grandes compras, hable con él o ella. Explicándoles el riesgo de una actividad como esa, el daño que le puede hacer al multinivel y a él o ella en el momento en que sus inscritos no puedan sostener el consumo.

Si por el contrario, es una persona que logró que le funcionara en un corto tiempo, probablemente la única recomendación sea el que entienda que no todos pueden estar a su ritmo para que no se desespere cuando algunos de sus downlines no obtengan los resultados tan rápidamente como él o ella. Ahí es donde entran en funcionamiento las reuniones de liderazgo y donde él o ella podrá aprender el cómo enseñar lo que hizo y que su grupo lo aproveche.

Manténgase concentrado en hacer lo que le dicen, siempre evalúe sus ahorros y controle su presupuesto. Esto es primordial para continuar.

Veamos el tercer paso.

MEJORAR LO QUE LE ENSEÑARON ADAPTANDOLO A SUS DOWNLINES

Esta es una de esas etapas más encantadoras de estos negocios, claro, siempre desde mi punto de vista.

Volvamos a los ejemplos, recuerde cuando logro algo por primera vez. Digamos en patinaje, pero adáptelo a su experiencia.

Seguramente la primera vez se cayó, posiblemente repitió esas caídas varias veces.

Pero ¿qué sucedió el día que lo controló y empezó a disfrutarlo?

¿Comenzó a hacer trucos? ¿A correr? ¿A saltar?

Eso es mejorar lo aprendido.

Y eso es lo que sucede cuando usted logra aprovechar al máximo sus productos o servicios. Usted empieza a ver usos que nadie le mostró o le dijo. A usarlos o disfrutarlos en todo momento, se enamora de ellos y no hay nadie que le haga cambiar de opinión.

Le dirán que son costosos, pero usted sabrá que no es así, que al contrario, le han ayudado a ahorrar y seguramente ha obtenido ingresos adicionales por el uso.

Su perspectiva cambia al encontrar nuevos usos. Ahí está mejorando lo que le enseñaron adaptándolo a nuevos usos. Y al compartirlo con sus downlines, todo explota. Se convierten en tertulias donde se hablan de nuevos usos, la imaginación vuela.

Algunos no estarán enterados de que se podía tener esos usos y procurarán mejorarlos.

Créame que disfrutará esas reuniones.

Y ahora veamos el cuarto paso.

ENSEÑAR TODO LO QUE APRENDIO

Paciencia ante todo.

Cada persona es un mundo. No todos aprenden al mismo ritmo y de la misma manera.

Ha visto alguna vez como las aves enseñan a volar a sus

pichones. Les muestran cómo mover las alas, como coger impulso y demás. Algunos pichones practican dentro de la seguridad del nido. Pero en el momento de volar, los padres sólo las empujan. Si desarrollan su instinto y aprendieron, volarán, si no lo hicieron, al piso llegarán y se convertirán en comida para otros animales.

En este caso, comida para otros multiniveles.

¿Fui un poco Cruel?,

Probablemente eso ya le pudo pasar a usted y si no ajusta su metodología de aprendizaje y de enseñanza, el suelo lo está esperando con algunos carroñeros. Como nuevos MLM que se creen mejores que los demás.

Ahora, esa práctica de enseñar rápidamente y soltarlos al mundo en este tipo de negocios es crítica.

Recuerde que va a cambiar una forma de actuar que viene de muchos años atrás. A diferencia de los pichones que lo llevan en el ADN, nosotros no llevamos en nuestro ADN la filosofía de los negocios de multinivel.

Es más, estamos acostumbrados a hacer las cosas de una forma opuesta. Lo que implica un cambio completo en nuestro actuar y pensar.

Algunos desarrolladores de multiniveles, en su afán de registrar personas en su grupo, actúan igual que con los pichones. Una capacitación corta, nada de cooperación, nada de aclarar dudas, menos de dar recomendaciones adicionales y se basan solamente en invitarlos a las reuniones.

Eso sería como invitar a los pichones a una reunión en un salón a ver una presentación en power point o diapositivas sobre como volar, registrarlos y esperar a que algún día regresen con pescados suficientes para alimentar a los demás.

Ha escuchado esta frase

"El primer paso no te llevara a donde quieres, pero te sacará de donde estas" - *Autor Anónimo*

Dar ese primer paso es complicado y para algunas personas es aterrador o desconcertante. Porque implica tomar una decisión que afectará su vida. Es dejar algunas cosas en el pasado para ir por un nuevo camino, hacia el futuro y hacia una vida diferente.

Y esa sensación y miedo al cambio puede llegar a producir vértigo.

Debido a ese miedo, muchas personas permanecen en su estilo de vida actual, atascadas durante años en una situación que las mata poco a poco y les causa sufrimiento, solo porque no se atreven a dar ese primer paso.

De casualidad ha conocido parejas que no se atreven a separarse aunque la magia del amor desapareció hace mucho tiempo. Siempre con razones para no hacerlo.

O a personas que serán eternos empleados porque no se atreven a emprender sus propios proyectos a pesar de que son brillantes.

A hijos que no se atreven a salir de casa y perseguir sus sueños porque en el ambiente donde viven los restringen o porque nadie ha hecho eso antes.

A gente que no se atreve a cambiar de vida o de país por no hablar el idioma o no saber lo que se van a encontrar.

Todo es por miedo a la inseguridad de sus resultados.

Es el miedo a lo desconocido, a lo que va a pasar por dar ese primer paso.

Pero también hay quienes se atreven a dar ese primer paso, pero por sus temores o predisposiciones no se sienten capaces de continuar.

O creen que ese primer paso los llevará inmediatamente a las puertas de su destino.

En esto es en donde fallamos los uplines al entregar

información errónea a los interesados y no hacemos seguimiento y apoyo a aquellos que creyeron en nosotros.

Ahora. Imagínese del otro lado, cuando usted inició.

Que hubiera sucedido si la persona que le mostró el negocio estuviera tan impaciente de que usted comprara y consumiera.

Pues, existiría una presión adicional al cambio que debe hacer en su vida.

Tómelo con calma, la enseñanza de lo aprendido debería tomar varios meses, no intente hacerlo en una semana, y mucho menos crea que por llevar su invitado a una reunión, va a salir de la reunión con un líder.

Que se han dado excepciones, es cierto.
Que ha sucedido, es cierto.
Que le puede suceder, es cierto.

Pero no apueste sólo a eso. Aproveche el entusiasmo que

se genera al asistir a esas reuniones para que su invitado vea que no es un invento de unos cuantos. Sino que por el contrario es un negocio muy grande, en el que participan miles de personas y que él o ella pueden ser parte de esta revolución.

Usted debe actuar como un asesor para que su invitado al negocio entienda como debe actuar y comience a hacer los cambios necesarios.

No es fácil. No se apresure, no espere que de un día para otro, o en una semana ya haya logrado aceptar y entender todo lo que usted le ha explicado.

Si usted se muestra ansioso, lo va a presionar y eso no es bueno para su negocio. Recuerde que la estabilidad de su negocio depende de la estabilidad de sus invitados.

Y la única forma de conseguirlo es que sean constantes. Si usted comienza a presionarlos con el consumo o con la posibilidad de obtener ingresos si lo hace rápido. Puede estar en un borde muy peligroso, ya que si su invitado no le entiende o necesita tener resultados rápidos para su vida, se puede desanimar si no obtiene esos ingresos.

Y hasta ahí llegará su invitado y usted deberá comenzar nuevamente.

Tómese el tiempo para enseñar, sin presiones, sin prisa, disfrútelo. Disfrute los momentos en que enseña.

Por eso recomiendo hacer reuniones en su casa, en la casa de sus downlines e inclusive en la casa del "recién llegado". Pero reuniones sociales en donde se aprovecha a hablar del tema, aclarando dudas y analizando alternativas.

Que esto le va a tomar tiempo, SI.

Se lo dije desde el principio. Este es un negocio lento.

Ahora, también es exponencial.

Cuando usted ya cuenta con unos dos o tres invitados estables (que ya serian empresarios), y ellos comienzan a invitar y a dedicarse a enseñar, digamos que a dos invitados cada uno. Pues su negocio ya contará con unos 6 empresarios. Y créame que eso ya implica un ingreso adicional interesante para usted.

Así que para qué presionarlos.

Es más lo que puede perder que lo que está ganando al ir poco a poco.

Recuerda que le comenté al inicio que no dejara su trabajo. Esto que estoy explicándole es parte de eso, al recomendarle que vaya lento y que se tome su tiempo para enseñar.

Ya para el momento en que sus empresarios comiencen a duplicar lo que usted hizo, los resultados serán más visibles, y usted empezará a ver resultados mayores.

Si usted tiene una necesidad de ingreso inmediato, por cualquier razón, siempre podrá recurrir a obtenerlo por venta de los productos y/o servicios o por el uso de los mismos como materia prima para un oficio que conozca.

Esto es más fácil de entender si volvemos al ejemplo de la cera para vehículos y usted se dedica o conoce muy bien el lavado de autos.

Lo recomendable sería que usted utilizara esa cera como materia prima para algo que conoce y usualmente hace, porque de esa forma estaría usando los productos, que primero le generan un ahorro, y segundo, dependiendo del consumo, un ingreso por eso. Además de otras oportunidades tributarias que muy pocas personas conocen.

También los estaría mostrando para que sus clientes conozcan como funcionan y los beneficios que tiene su uso y sus clientes pueden convertirse en compradores de esa cera.

Entonces, algo que usted sabe hacer se le puede convertir en un negocio no sólo para el momento, ya que requiere un ingreso inmediato, sino también para el futuro, pues sus clientes se pueden convertir en invitados a su negocio si pueden tener la capacidad de escuchar formas diferentes de tener ingresos. Si no tienen la capacidad, al menos usted habrá cubierto su necesidad de un ingreso de forma inmediata.

Por favor busque un tutor. No hay nada mejor que alguien que lo vaya guiando en el desarrollo de su negocio y en alcanzar esas primeras metas, hasta que su tutor considere que está listo para continuar solo.

CAPITULO 7. CONOCIENDO SU MULTINIVEL

Bueno, retomemos lo que explique en el capítulo 2 y voy a darle pautas para que evalúe las ofertas que le han hecho de participar en multiniveles.

Para los siguientes capítulos usted va a necesitar tener los planes de negocio de los multiniveles que le están ofreciendo, los contratos como empresario y cualquier otro documento que detalle la operación del negocio que le están ofreciendo. E ir respondiendo las preguntas que le voy a ir detallando.

Los siguientes son capítulos cortos pues busco únicamente que usted recopile y analice la información que le están mostrando y pueda tomar las decisiones que mejor se adapten a usted.

No puedo profundizar en las preguntas, pues correría el riesgo de desviar su atención en la evaluación que debe hacer.

Es normal que dentro de las estrategias para divulgar o promocionar un esquema de multinivel algunos de los empresarios se enfocan en lo que para ellos es lo más importante del multinivel. Es decir, algunos creerán que lo importante es la trayectoria de la empresa que creó el multinivel, otros que lo importante es la variedad de posibles ingresos que se obtienen en el multinivel que están desarrollando, otros en los bonos adicionales que se obtienen cuando se alcanzan las metas grupales, otros en la fuerte suma de dinero que es posible conseguir al desarrollar el multinivel, y otras valoraciones más.

Lo que sucede es en la mayoría de los casos, los nuevos prospectos se dejan vislumbrar por esas características que les enseñan.

No estoy diciendo que no sean ciertas.

Estoy seguro de que lo son.

Por otro lado, suele suceder que los nuevos empresarios, después de que se han inscrito en el negocio, es cuando leen los términos o el contrato del multinivel.

Y en esto último, lamento reconocerlo, pero hay muchos nuevos empresarios que no leen el contrato, sino que se conforman con la información que reciben en las reuniones.

No significa que sean falsas las informaciones de las reuniones, pero comentarios o estrategias en esas reuniones son asumidas por los nuevos empresarios como condiciones del multinivel.

Y si alguna de ellas es demasiado exigente, ya el empresario comienza a juzgar a los multiniveles como malos negocios, o pirámides.

Y también lamento reconocer que hay empresarios que

omiten información, puede ser por ingenuidad, pero lamentablemente también puede ser con intención. Y lo crítico es que se omita información de algún compromiso de permanencia o similar que algunos multiniveles tienen.

Como le he mencionado anteriormente, **es su negocio**. *Y creo que este es un paso crítico como nuevo empresario. Analizar sus alternativas.*

Analícelas con frialdad, no se deje llevar por la emoción de quién le muestra el negocio, o por la emoción que se inyecta en su cuerpo y en su mente cuando se asiste a las reuniones.

Analícelas con frialdad, pues es una gran oportunidad para usted y su vida futura.

Analícelas con frialdad, pues deberá determinar si su conocido, amigo o familiar realmente sabe cómo desarrollar el negocio, para inscribirse con él o ella.

Como es común en los diálogos de películas. "*Negocios*

son Negocios".

Siempre he sido una persona que cree que para tomar decisiones de este tipo, se debe contar con la información completa, para tomar la decisión correcta.

Mi recomendación es que le solicite el contrato, o el manual del multinivel a la persona que le está enseñando el negocio.

Debe tenerlo, pues cuando se registró como empresario, la empresa debió haberle entregado una copia con las reglas.

Si la persona que le está enseñando el negocio no tiene esos documentos, pues puede ser una señal del compromiso que ese empresario tiene como líder.

Ahora, puede haberlo perdido, como para no pensar mal de todos, pero debe tener conocimiento de en que parte del website de la compañía se puede conseguir o leer.

Claro está que usted también puede buscar esa

información directamente en el website o en internet.

Entonces, quisiera plantearle un ejercicio para que evalúe el resultado que podría obtener al hacerlo.

El ejercicio sería:

1. Intente hacerle las preguntas que encontrará en los siguientes capítulos al empresario que le está mostrando la oportunidad de negocio.

2. Apunte las respuestas en una hoja. No le recomiendo que lo haga en este libro, pues realmente espero que se dé la oportunidad de evaluar varios multiniveles antes de tomar una decisión. Y al hacerlo en el libro puede ser confuso y/o contar con muy poco espacio.

3. Busque los manuales del negocio y el contrato como empresario en internet. Preferiblemente en la página del multinivel.

4. Busque las respuestas a las preguntas.

5. Compárelas con las que obtuvo del empresario que le describió el plan de negocios del multinivel.

¿Conclusiones sobre el empresario?

Ese es todo el ejercicio.

Ahora, antes de continuar, veamos algunos términos que considero se encuentran en todos los multiniveles. En ocasiones con otros nombres, pero en mi concepto, estos son los nombres más acordes a un esquema multinivel.

FRONTAL. Aquellos invitados que se registran en su negocio directamente con usted.

DOWNLINES. Aquellos invitados que se registran en su negocio por invitación de alguno de sus frontales.

UPLINE. Aquella persona que lo invitó al negocio y con quién usted se registró. Es decir que usted es un FRONTAL de su upline directo.

Planteo algunas conclusiones al final de cada set de preguntas, pero por favor no descarte la propuesta de negocios hasta no finalizar el capítulo 14, pues puede descartar una buena alternativa y no es mi idea.

Con eso como base, podemos entrar en materia a analizar los negocios que le están ofreciendo.

CAPITULO 8. ¿MULTINIVEL O VENTA DIRECTA ROUND 2?

Comencemos con las preguntas referentes a la base del negocio.

1. ¿Tiene un costo de inscripción?
2. ¿De cuánto es el costo?
3. ¿Ese costo es recuperable con el registro de sus downlines?
4. Si la respuesta es SI, ¿con cuántos downlines inscritos recupera el costo de su inscripción?
5. Si la respuesta es SI, ¿puede registrar a más downlines después de haber recuperado el costo de su inscripción?
6. ¿La oferta de negocios incluye un consumo o compra obligatoria mínima para iniciar?
7. ¿La oferta de negocios incluye un consumo o compra

obligatoria mínima mensual?

8. ¿Tiene alguna cláusula de permanencia o compromiso de uso mínimo?

ANALICEMOS LAS RESPUESTAS.

El costo de registro de los multiniveles no debería ser alto, pero este es un análisis simple y complejo a la vez. Para una persona que tiene un ingreso de $5000 dólares al mes, seguramente un registro de $100 dólares no es significativo. Pero para quién tiene un ingreso de $800 dólares al mes, el costo del registro es supremamente alto.

Para mí, un costo de registro que esté por debajo de los $50 dólares, es un costo manejable. Probablemente usted debería poder recuperar ese costo en ahorros por uso de los productos o servicios en unos 3 o 4 meses.

¿Porque el costo?

Bueno, en ocasiones las empresas lo hacen por los

documentos que le entregan con el registro, tales como catálogos, hojas de producto, muestras, productos de inicio, etc.

Pero hay otras empresas que lo hacen por el "derecho" a ser empresario del multinivel y le ofrecen la posibilidad de recuperar ese "costo de inscripción" con sus frontales.

Yo no estoy de acuerdo con esa última propuesta. No me parece que un multinivel deba cobrar por ese "derecho". Pero es cuestión de diferencia de opiniones.

Las preguntas 3, 4 y 5 desde mi punto de vista definen un esquema piramidal, pues todo empresario deberá inscribir a nuevos para recuperar su inversión, entonces el negocio se convierte en registrar a más y más empresarios y no en el consumo de los productos.

Esto se complica un poco más si existe la situación de que del valor de la inscripción, el empresario sólo obtiene un porcentaje. Ya que el saldo va para su UPLINE o para la empresa.

Así que si hay algún SI en esas respuestas, ya puede darse una idea de que no es un multinivel.

La pregunta 6 es similar a las 3, 4 y 5. La diferencia es que en vez de ser un pago en efectivo, se lo entregan en productos o servicios. Pero la conclusión es la misma.

En la pregunta 7, la palabra clave es "obligatorio". Si lo es, volvemos a las respuestas anteriores disfrazadas de consumo. Pero si es "Opcional" y es una condición para obtener bonos adicionales, da un margen muy grande de movimiento.

Las preguntas 7 y 8 son normales en todos estos negocios y no afectan el desarrollo del mismo a menos que como comenté, sean "obligatorias". Pienso que de una u otra forma es un compromiso al menos por un tiempo para que usted se comprometa a desarrollar el negocio y no esté de un lado para otro.

Hay algunos multiniveles que no tienen esas condiciones,

pero no significa que sean mejores.

Ahora, evalúe esas condiciones para ver si está en capacidad de cumplirlas, pues si no puede hacer el consumo mínimo para los bonos, pues estará dejando de recibir un dinero interesante cada periodo (mensual, trimestral, semestral, etc.)

CAPITULO 9. PLAN DE COMPENSACIÓN

Analicemos entonces el plan de compensación, que no es más que el potencial de ingresos que usted puede obtener en el multinivel que este analizando.

1. Sus ingresos provienen de la venta de los productos o servicios del negocio.
2. ¿Sus ingresos provienen de un porcentaje del precio de venta de los productos que adquieren sus clientes?
3. ¿Usted recibe una bonificación por los ingresos que se generan por los consumos o ventas de sus downlines?
4. ¿Cuál es el descuento que obtiene por comprar como empresario independiente?
5. ¿El descuento como empresario independiente se incrementa de acuerdo al consumo de sus frontales y de

sus downlines?

6. Si la respuesta es SI, ¿cuál es el máximo de descuento que usted obtiene si todos sus downlines consumieran?

7. ¿Qué ingreso puede obtener si sus frontales NO hacen un consumo, pero sus downlines SI?

8. Haga un ejercicio llegando hasta el nivel 5 en downlines o profundidad, del ingreso recibido si todos hicieran el consumo recomendado.

9. ¿Sus ingresos provienen de todos sus frontales o son por una sola línea de auspicio (por un sólo frontal)?

ANALICEMOS LAS RESPUESTAS.

Algunos multiniveles, dependiendo de su estructura reconocen la opción solamente de 2, 3, o 5 frontales. Pueden ser más, pero me refiero a que existe un número definido y máximo de frontales. Y en su plan de compensación ofrecen solamente un ingreso por la línea que más facture. A las otras líneas le tienen un destino o uso diferente.

Tenga en cuenta el máximo de frontales que le permite el

multinivel que está analizando. Si no tiene límite de frontales, use el número máximo que le permite algún otro de los multiniveles que va a analizar. De esa manera los sitúa en similares condiciones para su análisis. Pero tenga en cuenta esa variable de mayor número de frontales para evaluar su mayor ingreso.

Vamos a suponer que uno de los multiniveles le permite 2 frontales, otro multinivel le permite 5 frontales y otro es ilimitado el número de frontales que puede tener.

Entonces haga el ejercicio con los 3 multiniveles que está analizando, usando dos frontales y 5 downlines, cada uno de esos downlines con dos frontales. Registre los ingresos de los tres multiniveles.

Después haga el ejercicio con los dos multiniveles que le permiten mayor número de frontales, en este caso el que le permite 5 frontales y el que le permite número ilimitado de frontales.

Tome los dos multiniveles y haga el ejercicio con 5 frontales, y cada uno de ellos con 5 frontales hasta llegar al nivel 5 de downlines. Registre los ingresos de los dos multiniveles.

Como última etapa, haga el ejercicio con el multinivel que le permite número ilimitado de frontales. Con el doble de downlines. En este caso con 10 frontales, y cada uno de ellos con 10 frontales hasta el nivel 5 de downlines. Registre el potencial de ingresos.

Evalúe todos los ingresos que se obtienen de las diferentes alternativas. No siempre el que le permite número ilimitado de frontales va a ser el de mayores ingresos. Por eso el ejercicio.

Por otro lado no olvide incluir en el ejercicio aquellos bonos adicionales, sea en dinero, en descuentos, en muebles, vehículos, etc. que le ofrezca el multinivel.

CAPITULO 10. TIPO DE MLM

Veamos ahora en que puede variar los esquemas de los multiniveles. Y encuentre las respuestas de estas preguntas.

1. ¿Cuántas personas máximo puede registrar como FRONTALES suyos?
2. ¿Son el mismo número máximo para sus frontales?
3. ¿Usted debe hacer una compra determinada para iniciar o al registrarse en el multinivel?
4. ¿Debe hacer una compra mensual mínima para mantenerse en el multinivel?
5. ¿Usted debe efectuar el cobro de los productos vendidos?

EVALUEMOS LAS RESPUESTAS.

A veces esa compra mínima la exponen en dinero, pero también puede darse en número de servicios, o puntos o usuarios registrados. Si usted analiza es lo mismo.

Pero tenga en cuenta una cosa, a veces esa condición de consumo mínimo mensual es una condición o propuesta de su upline o del grupo al que pertenece, más no del multinivel.

Si es del multinivel, es una de las situaciones por las que considero que no sería un multinivel.

Pero si esa condición es propuesta por su upline o por alguno de los líderes del grupo, pues debería considerar si se registra con esa persona o busca otra con la cual hacer el negocio.

El porque es muy simple. Ese upline que le está mostrando el negocio no está interesado en que usted tenga un negocio estable, sino en que usted facture mensualmente para tener los bonos, o calificaciones que necesita para tener los ingresos que él desea.

Si usted está de acuerdo con lo que le propone ese upline, pues usted deberá estar en condiciones de buscar personas que entren a consumir de la misma forma. Y eso hace mucho daño a los multiniveles y al concepto que las personas tienen de ellos.

Pero tenga cuidado, seguramente para lograr eso va a tener que engañar a sus candidatos, ya sea exagerando la facilidad de desarrollo del negocio, del logro de los ingresos que se pueden obtener, de la facilidad de mover esos productos o servicios, y muchas otras. Y siempre va a ser eso, un engaño. Y eso no es bueno por ningún lado.

He visto en algunas charlas a las que asisto, a veces como invitado, a veces por curiosidad, a líderes recomendando a sus downlines a obtener un préstamo para la compra de los productos o servicios mensuales. Cuando escucho eso, sencillamente salgo de la charla y le digo a quién me invito la razón, no sin antes agradecerle por querer mostrarme su negocio.

No me malentiendan, asisto a esas reuniones como invitado y con el propósito de aprender. Es una experiencia muy interesante ver los diferentes puntos de vista. En ocasiones hay comentarios, propuestas, demostraciones que se pueden poner en práctica con mis downlines.

No participo como orador en ninguna charla por situaciones muy similares. Tengo un punto de vista que no es compatible con la forma de pensar y de actuar de varios líderes. Y no puedo pensar en lo incomodo que sería estar en una tarima con mi punto de vista y que algún otro orador exprese una propuesta que vaya en contra de lo que les estoy exponiendo en este libro.

Usted como espectador que conclusión sacaría de lo que le estoy exponiendo si al lado mío está sentado alguien que con su actuar o hablar contradice parte de lo que le estoy intentado exponer?

Cada líder desarrolla su negocio de una forma determinada.

Así como existen quienes no están de acuerdo con lo que expongo, hay con quienes no concuerdo con su forma de desarrollar su negocio. Son puntos de vista.

No se endeude por iniciar el multinivel que le están ofreciendo.

Esta recomendación tiene unas comillas imaginarias. Y su sentido cambia si usted está considerando utilizar su multinivel para un ingreso inmediato, lo cual intentaré aclarar su funcionamiento en el capítulo 17 sobre el uso como materia prima.

Ahora, el endeudamiento puede venir desde dos puntos diferentes. Uno es aquel en el cual usted se endeuda para comprar o consumir los productos o servicios. Pero otra muy distinta es cuando usted se tiene que endeudar para cubrir las compras que hicieron sus clientes del catálogo que usted le presentó y que no le cancelaron. Pero que usted debe cubrir ante la empresa.

Este último comentario y que también va vinculada a la pregunta 5 es parte de lo que le he comentado anteriormente, para mí son esquemas de venta directa, solo que las empresas lo muestran como multinivel.

CAPITULO 11. PRODUCTOS O SERVICIOS

Bueno, ahora analicemos el soporte de todo multinivel. Los productos o servicios.

Analice las siguientes preguntas.

1. ¿Los productos o servicios del negocio se encuentran en un catálogo que usted debe entregar a sus clientes?
2. Desde su perspectiva de consumidor ¿son productos o servicios de consumo diario, mensual, trimestral, anual?
3. Desde su perspectiva de empresario ¿podría usar los productos o servicios como materia prima?
4. Si como empresario los usara como materia prima, ¿cada cuanto los consumiría, diariamente, mensualmente, trimestralmente?
5. Como consumidor o empresario ¿podría usarlos como

reemplazo de algún producto o servicio que ya utiliza o consume?

6. ¿Ya utilizó los productos o servicios?

7. ¿Como le parecieron?

8. ¿Como le funcionaron?

9. ¿Vio alguna diferencia, en ahorro y/o desempeño de los productos o servicios comparado con los que actualmente utiliza?

10. ¿Está convencido de que podría cambiar de marca de productos y/o servicios?

11. ¿Se atrevería a recomendar esos productos a sus conocidos y desconocidos?

Bueno, como espero se haya dado cuenta, la mayoría de las preguntas intentan dirigirlo a un sólo propósito.

Y es el conocer que tan bien se siente o se sentiría usted con los productos o servicios del multinivel que está analizando.

Si usted no se siente cómodo usando los productos o servicios. Si no obtiene un ahorro de su consumo. Si no los puede utilizar como materia prima para algunas de sus actividades ¿cómo va a poder recomendar su uso? ¿Cómo va a poder reemplazar sus consumos actuales por los nuevos productos o servicios?

Si no ve un beneficio inmediato no va a contar con la experiencia de uso para recomendarlos.

Utilícelos, consúmalos, disfrútelos, enamórese de ellos.

Como una conclusión en este capítulo, usted debería estar en capacidad de determinar cuáles productos o servicios podría reemplazar por los que le ofrece su multinivel.

Haga un listado con esos productos que le permitirían desarrollar el negocio.

CAPITULO 12. POTENCIALES AHORROS.

Bueno, viene un tema algo complejo de tratar pues depende de los diferentes productos o servicios que se encuentran en el mercado.

No puedo ser específico en preguntas sobre productos o servicios porque podría caer en recomendar un multinivel en especial.

Así que intentaré dar pautas generales para que usted analice.

Si hablamos de potenciales ahorros en productos o servicios, esto se puede representar desde las siguientes circunstancias.

1. Que los ahorros sean por rendimiento de los productos o por ahorro en costo de uso de los servicios.
2. Que los productos tengan usos múltiples que reemplacen otros de consumo actual.
3. Que los servicios incluyan variaciones o incentivos adicionales a los de uso actual.
4. Que los productos le ofrezcan un beneficio adicional con su uso que no obtenga de sus productos actuales.

Esa es una información que su upline debería tener y debería ofrecerle sin compromiso, pues es parte de lo que usted usará para analizar su ingreso al negocio.

Pero también debe poder encontrarla en la página web de la empresa, así que solicítele a la persona que le está presentando el negocio que le muestre los ahorros que puede obtener por el uso de esos productos o servicios.

Para este momento, y con ayuda de lo que definió en el capítulo anterior, usted puede determinar los ahorros que obtendría al cambiar de productos.

Ahora, existen en el mercado multiniveles que con el consumo de sus productos no va a obtener un beneficio económico. Pero puede obtener beneficios de otro tipo. Por ejemplo en mejora de su salud.

Evalúe esa alternativa desde otro punto de vista. Es probable que usted pueda desarrollar un multinivel porque el tipo de productos o servicios le permite una mejora en su salud. Pero no es muy duplicable, pues depende de alguna condición física para aprovechar los beneficios ofrecidos.

Pero usted no va a dejar que su salud se deteriore simplemente porque el multinivel es un poco restringido en su alcance.

Al contrario, sáquele provecho para mejorar su salud. Y si lo desea, evalúe otro multinivel para complementar su ingreso.

Seguramente el mostrar resultados en su salud es prueba suficiente para que sus prospectos no juzguen el porque usted desarrolla dos multiniveles. Pues ellos pueden ser complementarios. Si son excluyentes, no tendría sentido, o usted estaría siendo incongruente.

CAPITULO 13. CAPACITACION.

Un aspecto supremamente importante para que usted emprenda su negocio, es poder contar con el apoyo de la empresa que desarrolló los productos o servicios.

Imagínese si usted compra un vehículo y después de un tiempo de uso, al vehículo se le estalla una llanta que debe reemplazar.

Pero resulta que al buscar la llanta, la referencia no se consigue en su país y sólo se puede comprar en otro país pues no existe un modelo que pueda usar en reemplazo de la actual.

Eso sería una falla muy grande en quién le vendió el vehículo. El no contar con esos repuestos o con una solución a ese problema.

Pues lo mismo sucedería con la empresa multinivel que está analizando.

Un buen esquema de soporte o de capacitación comienza en la página web de la empresa.

Si usted encuentra soporte en formas de uso de los productos o servicios en la página web, ya le puede dar una idea del tipo de cooperación o capacitación que puede obtener.

Evalúe si la empresa dicta charlas o talleres de cómo usar sus productos o servicios.

Evalúe si la empresa dicta charlas o talleres de cómo sacar mayor provecho a sus productos o servicios.

Evalúe si la empresa dicta charlas o talleres sobre nuevas alternativas de uso de sus productos o servicios.

Otras formas de capacitación se obtienen de los grupos. Pues ellos presentan alternativas de uso de los productos o servicios desde la misma experiencia de uso. Normalmente son empresarios que han desarrollado el negocio y comparten situaciones de vida para que usted las aproveche.

Hay grupos que dan charlas a nivel financiero, emocional, comercial, etc. Que pueden ser útiles o no de acuerdo con el punto en que usted se encuentre en su negocio.

Seguramente le servirán.

Mi única observación es que son charlas generales. Y en ocasiones se requieren situaciones específicas para aclarar alguna duda en especial. Y es ahí donde se puede disipar el apoyo.

Sin embargo, si usted pertenece al grupo, muy seguramente podrá aclarar sus dudas. O alguno de sus líderes podrá ponerlo en contacto con quién puede ayudarle a solucionar sus dudas.

CAPITULO 14. ¿COMO HACERLO?

Durante estos años desarrollando un multinivel y asistiendo a las reuniones que me han invitado, tanto del multinivel que desarrollo, como de otros multiniveles. He observado muchas estrategias que cada líder desarrolla y que lo ha llevado a tener grandes resultados.

Pero ciertas estrategias no funcionan en todas las personas, o más bien, no todas las personas se sienten cómodas al desarrollar la estrategia expuesta.

Bien sea porque la estrategia requiere de contacto en frio, lo que para muchas personas tímidas no es fácil de desarrollar y no es una aptitud que se adquiera o desarrolle rápidamente.

También puede ser que la estrategia busca un resultado

rápido y enfoca sus estrategias a ese logro, pero ha sido diseñada por las capacidades de esos líderes. Entonces volvemos a lo mismo y si el nuevo empresario no obtiene los resultados en el mismo tiempo, es probable que se desanime.

Podría nombrar varias más, pero me parece más delicado el hecho de que muchos de los asistentes a reuniones presencian estrategias "diferentes" en cada reunión a las que asisten.

La situación es que no es tan así como parece.

Si uno analizara la información recibida de todos los líderes y las uniera en una línea, seguramente encontraría un camino que seguir.

Pero unir esos entrenamientos no es sencillo y se complica aún más cuando el nuevo empresario no tiene los conocimientos para hacerlo.

Es en estos momentos en que los líderes dejan huella en

aquellos que inician y la diferencia se marca en la profundidad de esa huella.

Quisiera recordarles que no es mi intención demeritar las estrategias de los diferentes grupos, ni menospreciarlas, ni inducir a pensar que no funcionan y mucho menos demandar que la forma en la que veo los multiniveles sea la mejor y optima solución al éxito en este tipo de negocios.

Conozco grandes líderes en diferentes multiniveles que son personas maravillosas, personas que se preocupan de sus empresarios, que comparten con ellos y quienes están preocupados porque sus downlines logren lo que desean y como es común escuchar en este tipo de negocios, que alcance sus sueños.

Pero también conozco líderes que han perdido su rumbo y se han dejado llevar por las ansias de ingresos y descuidan a sus downlines.

De todo tipo de líderes es posible encontrar, y mi

propósito es que usted encuentre aquel con el cual se sienta más cómodo para desarrollar su negocio.

Es probable que si usted les pregunta cuál es la estrategia que usan para desarrollar su negocio no obtenga una respuesta. Pues a menos que usted pertenezca a su grupo es difícil que le den esa información.

Y no se trata de desconfianza para entregarle la información, simplemente es una precaución para evitar cruce de información entre líneas de auspicio. Pues una de las principales exigencias de las empresas de multinivel es que se deben respetar los negocios de los demás empresarios, y eso incluye la estrategia que utilicen para desarrollarlo.

Y ese cruce de información entre líneas de auspicio puede causar que los empresarios se desenfoquen de la estrategia utilizada por su grupo.

Hay que tratar de entender ese actuar de los empresarios, pues es una actitud que usted debe tener en su negocio.

Mi propuesta, como lo comenté anteriormente va dirigida a aquellas personas que por cualquier motivo no lograron obtener resultados siguiendo lo establecido por sus líderes. Y si he logrado parte de mis objetivos, seguramente usted habrá intentado poner en práctica mis recomendaciones del capítulo 6 y espero realmente que haya retomado su rumbo en el grupo donde se encuentra actualmente. Y por supuesto sus resultados se comiencen a notar.

CAPITULO 15. MI ESTRATEGIA

Mi recomendación siempre será que trabaje en conjunto con su líder, pero si usted ya ha llegado a un límite de menospreciar los multiniveles o ha intentado a conciencia seguir las indicaciones de sus líderes y no ha obtenido resultados. Voy a intentar regresarlo a los orígenes de los multiniveles y a sus conceptos básicos de desarrollo.

No me es posible ser completamente detallado en la estrategia pues incurriría en exponer el negocio que desarrollo y eso es algo que lo induciría a hacer a un lado otros multiniveles. Y no es mi deseo.

Hay muchos multiniveles en el mercado y muchos de ellos son interesantes.

Yo tome mi decisión por análisis propio de mi situación y mi objetivo es que usted analice su situación actual, y con base a ella compare los diferentes multiniveles hasta encontrar aquel que probablemente le funcione.

Intentaré ser lo más objetivo posible siguiendo las bases de los multiniveles para su análisis.

El multinivel que desarrollo profesionalmente ofrece tanto productos como servicios, así que mi primer análisis fue definir qué tipo de productos y de servicios se acomodaban mejor a mi forma de vida.

Recuerde que desde mi experiencia, el desarrollo de un multinivel no debe forzar un cambio radical en su estilo y forma de vida sino que debe ser un cambio de costumbre gradual.

Tenga en cuenta que esta etapa inicia después de haber desarrollado todo lo que expuse en los capítulos del 7 al 13 y que ya haya tomado una decisión sobre con cual negocio va a iniciar su estrategia. Es probable que si no obtiene los resultados deseados deba retomar su análisis del capítulo 12.

También se puede presentar que se subestimó el negocio y definitivamente no es el mejor para usted. Suele suceder. Y en esta situación, pues debe hacerse a un lado e intentar en un nuevo negocio.

Bueno, Yo comencé analizando los diferentes productos y servicios que me ofrecía el multinivel con el que iba a iniciar. Leí todo el catálogo, con sus usos, beneficios, rendimientos, etc.

Determiné que para nuestro proyecto familiar la mejor opción era comenzar con los productos. Los servicios ofrecidos serían un complemento en una etapa posterior.

Hice una compra de mis productos actuales. NO de los que me ofrece el multinivel. Los productos de marca regular que usaba en mi casa.

Le hice un seguimiento al consumo de esos productos.

Ese seguimiento consistió en registrar costo de compra y duración de los productos. Este fue un proceso al que le tuve que destinar 3 meses. Pues los rendimientos y presentaciones de los productos no facilitaban el análisis, me sucedía que algunos productos se acababan antes que los otros.

Con la información recogida logré estimar el presupuesto mensual que destinaba en la compra de esos productos. Uso la palabra estimar porque el consumo mensual no es exactamente el mismo en esos productos. Suelen presentarse situaciones diferentes mes a mes que varían el dinero gastado en esos productos. Esta fue otra de las razones para hacer el análisis durante 3 meses.

El presupuesto definido fue sencillamente un promedio mensual del consumo de esos productos.

Fueron tres meses durante los cuales no efectúe ninguna compra en mi multinivel.

Después de eso, saqué mi presupuesto mensual sobre

los productos que iba a reemplazar e hice una compra con ese dinero en los productos que reemplazarían a los actuales.

De acuerdo con la información técnica y de rendimientos obtuve el producto final en la presentación en la que era común comprar los productos regulares.

Y comenzamos su uso.

Al final del mes, calculé mis ahorros.

¿Cómo?, bueno igual que con los productos regulares. Cuando se acababa alguno de ellos y era necesario reponerlo. Pues obtenía un producto final desde los productos del multinivel y actuaba como si me comprara a mi mismo esos productos.

Eso fue con actuación y todo. Pues tomaba el dinero e iba al garaje donde guardaba los productos, obtenía el producto y depositaba el dinero en una alcancía.

En ese primer mes el ahorro alcanzó el 17% del

presupuesto mensual, al siguiente mes, llegamos al 32%.

Al finalizar el tercer mes, que fue el mismo periodo de análisis de los productos regulares, saqué mi primera conclusión. *Un ahorro del 43%.*

Mi segunda conclusión fue. *Y me quedan reservas de los productos del multinivel para al menos otros dos meses.*

Era un inicio. Puede que no fuera un gran dinero comparado con mi salario mensual, pero muestra que me funcionaba.

He observado que esta es una falla común en los nuevos empresarios. Desestiman ese ahorro. Ya sea porque no lo guardan en la alcancía y lo gastan, o porque al final del tercer mes esos $100 dólares de ahorro, en comparación con un sueldo de $2000 dólares al mes no es significativo.

Pero no ven a través del panorámico del vehículo que va adelante. No ven la posibilidad de ingresos.

Decía mi abuela que de grano en grano se llena el saco.

Ahora, permítame hacerle una recomendación. Si usted tiene su empresa, haga lo mismo con los productos que crea puede reemplazar en su empresa. En otra ocasión, si es que ya no lo dedujo, puede que exista la oportunidad de mostrarle los beneficios que se obtienen al comprar esos productos de su multinivel como empresa.

Bueno, continuemos.

Seguí ampliando la gama de productos que podía reemplazar a otras áreas y repetía el proceso de análisis de ahorros.

Por mi capacidad económica tome el riesgo de hacer esa inversión en muchos otros productos, enfocado más en los descuentos que podía obtener para generar una igualdad con el precio de compra de mis productos actuales.

Y así poder verificar si el funcionamiento y rendimiento

era al menos similar con los que obtenía con mis productos de consumo regular.

Pero no le recomiendo que lo haga, a menos que tenga una capacidad económica que le permita hacerlo sin afectar su estatus de vida.

El resultado de los productos que no ofrecían rendimiento extra a los que actualmente consumía fue similar. Por lo que sólo implicaba un cambio de marca.

Y así continué poco a poco con todos los que podía.

Mi esposa estuvo presente en todo el proceso y creo que alrededor del 5to mes comenzó a hacer lo mismo con aquellos productos que ella consideró podía reemplazar en su uso diario.

Mi esposa fue un gran apoyo en todo esto, ya que ella no trabajaba y al mostrarle los ahorros que había obtenido durante el tiempo de cambio, tomó la decisión de hacer un cambio radical a todos los productos que solíamos utilizar en nuestra casa.

Por otro lado aprovechaba las reuniones familiares en la casa para mostrar la calidad de los productos. NO haciendo demostraciones, ni nada similar. Simplemente se tomaba ventaja de alguna situación que permitiera utilizar los productos y que los asistentes se dieran cuenta de cómo funcionaban.

Siempre nos preguntaban que habíamos utilizado, pues les causaba curiosidad lo bien que funcionaban.

Nunca dijimos la marca de los productos. Sólo dejábamos la inquietud. Muchas veces al realizar otra reunión, sucedía lo mismo o se presentaba alguna otra alternativa para enseñar el funcionamiento de los productos, y volvíamos a mostrarles cómo funcionaban, otra vez sin decir la marca. ¿Recuerda lo que le decía al principio del libro sobre juzgar por el mensajero?

A la tercera o cuarta oportunidad, ya recibíamos comentarios fuertes, como si no quisiéramos compartirles la marca. Y En esa oportunidad tampoco se la dijimos.

Simplemente les respondíamos que esos no eran productos para ellos, que seguramente si les compartíamos la marca iban a desestimarlos y que como eran amigos, preferíamos su amistad. Y de por sí, así era.

Adivine que sucedió en la siguiente oportunidad.

Pues les enseñamos los productos.

Y aún así, viendo cómo funcionaban, siendo testigos de sus resultados, sólo 4 de 9 se interesaron y nos pidieron que les explicáramos sobre el negocio.

Para lo cual hicimos una cita posterior y hablar exclusivamente sobre el negocio. Pues en ese momento estábamos en una reunión de amigos y lo que menos queríamos era que consideraran que los habíamos invitado para mostrarles el negocio.

Esa reunión posterior, siendo la primera vez que yo explicaba un tipo de negocios como esto, consideré oportuno no profundizar en el potencial de ingresos del negocio. Me mantuve únicamente en mostrarles mi experiencia con los productos, el cómo logré un ahorro significativo con su uso y los beneficios que habíamos alcanzado con su uso regular.

Claro, llegaron las preguntas y los comentarios como "yo no los veo a ustedes en un negocio como ese".

A quienes preguntaron, les respondimos sus dudas.
A quienes comentaron, un simple "y porque no".

Sin embargo, de esa reunión, los 4 invitados se registraron, y en estos momentos sólo 2 continúan en el negocio.

¿Extraño?

Pues NO, este negocio es así, a pesar de estar convencidos de la calidad del producto, no todos tienen la capacidad de cambiar el "chip".

Lo interesante es que mi esposa continuó con la

estrategia en diferentes oportunidades, en su club de lectura, en las clases de cocina, en las reuniones de la escuela de nuestros hijos, etc. Y poco a poco fueron quedando personas en nuestro grupo.

Otra recomendación. Siempre regístrelos como frontales suyos si su negocio se lo permite, pues hay esquemas binarios que sólo le permiten dos frontales y otros matriciales que pueden permitir 3, 5, 7 y el máximo que he visto es de 10 frontales.

No inscriba o registre personas debajo de sus frontales, su negocio son los frontales, el negocio de sus frontales serán los frontales que consigan. Si usted opta por registrarlos debajo de ellos, se irán por el camino fácil, que es el que usted les haga el negocio. Enséñeles bien, así ellos podrán replicar lo aprendido.

Lo primero que buscamos y que logramos es que estas dos personas que quedaron, lograran el primer punto, un ahorro.

Los otros dos, llegué a la conclusión que se habían registrado más porque se sintieron presionados por quienes tomaron la iniciativa que por convicción. De esa situación quedó la experiencia de preguntar si realmente estaban convencidos de ingresar al negocio. Porque en la intención de ayudarlos, resultamos alejándonos.

Nos seguimos viendo pues son amigos de muchos años, pero hubo una época en la que fue difícil comunicarnos con ellos. Asumimos que pensaron que los llamábamos para hablar sobre el negocio, pero siempre hemos mantenido el esquema de que conversamos sobre el negocio si nos preguntan sobre él. Algo que fue posible demostrarles a ellos mucho tiempo después en que nos encontramos por casualidad.

El logro del ahorro con nuestros dos amigos fue algo que nos tomo cerca de 1 año, desde que iniciamos como empresarios hasta que logramos que ellos los obtuvieran.

Pero como nuestro propósito no era calificarnos rápido, sino lograr un negocio estable para toda la vida. Pues lo hicimos con calma.

Digamos, que teníamos el tiempo y los recursos para hacerlo así.

Pero algo que sucedió después de esto es que uno de nuestros amigos, de los dos que se mantienen en el negocio, comenzó a hacer lo mismo que nosotros hicimos, lo de las reuniones.

Nuestro otro amigo, solamente consume lo que él requiere. No consideró que podía ser una fuente de ingresos.

¿Cuál es la diferencia con nuestro amigo que inició con las reuniones? Pues que nosotros hacemos (porque lo seguimos haciendo) las reuniones una vez cada dos meses. Ellos (porque son una pareja) hacen las reuniones 2 o 3 veces al mes.

Y le voy a contar una confidencia, ellos nos calificaron la primera vez. Así ellos no me lo quieran aceptar, porque se los agradezco cada vez que tengo oportunidad.

Pero para ellos, nosotros fuimos quienes les mostramos el negocio.

Los dos tenemos la razón, pero ninguno la tiene.

Si usted compara esto con mis comentarios de calificarse empujado, yo tendría la razón, pero si nosotros no los hubiéramos apoyado y guiado en sus reuniones, a ellos les hubiera tomado mucho más tiempo en calificarse, entonces aquí ellos tienen la razón.

Pero ninguno la tiene, porque el negocio no lo inventamos nosotros, simplemente le sacamos ventaja a una oportunidad. Esa ventaja se ve reflejada ahora cuando vemos nuestro negocio y reconocemos a cada uno de nuestros más de 100 frontales activos, y sabemos que ellos conocen e interactúan con sus frontales.

Ahora es su tiempo de sacar ventaja de estos esquemas de negocio.

Que quiero destacar de este último comentario, a que la velocidad de desarrollo del negocio la pone usted con base a sus necesidades y oportunidades. Si usted hace reuniones todos los días, pues su resultado será más rápido, pero si usted tiene limitantes de tiempo por su trabajo o cualquier otra circunstancia, debe tener la paciencia para saber que el negocio le va a tomar tiempo para que le comience a generar ingresos, independiente de los ahorros que consiga.

Algo muy diferente es si usted usa los productos o servicios como materia prima para su trabajo. Seguramente usted tendrá un ingreso casi que inmediato. Pero para eso, tendría que encontrar el producto con el que puede trabajar.

Este es tema que quiero tratar más adelante.

CAPITULO 16. ¿COMO PONERLO EN PRACTICA?

Uno encuentra personas en muchas partes que tienen la capacidad de leer entre líneas, pero también existe quienes deben leer las líneas. A veces se considera redundante la información, pero realmente tiene objetivos y destinos diferentes.

En su caso, tendrá que regresar a los principios, así que deberá iniciar **CONSUMIENDO**.

Ahora, que significa CONSUMIR.

Si el multinivel que usted escogió es para uso personal, pues CONSUMIR indicaría el uso de los productos o servicios en su hogar o en usted.

Si el multinivel que usted escogió es para uso profesional, pues CONSUMIR indicaría el uso de los productos o servicios en su negocio o como materia prima de su desarrollo profesional.

Es lo primero que DEBE hacer, DEBE lograr que el multinivel le funcione a usted y para eso hay algunas pautas que le puedo recomendar, un poco más específicas de cómo puede usted poner en práctica mi experiencia en su negocio.

1. Haga un presupuesto con los productos que usa en estos momentos y que va a reemplazar con los de su multinivel (tanto en dinero o costo de compra, tiempo de rotación o cada cuanto los compraba, el rendimiento en días, cada cuanto debía reemplazarlos), de todos los que pueda involucrar, no deje algunos afuera por amor a los tradicionales, usted no sabe como le van a funcionar y siempre podrá regresar a los tradicionales si alguno no es compatible con usted. esta tarea la debe hacer usted.

2. Hable con su Upline y lea las instrucciones de uso de los productos de su multinivel para tener presente los rendimientos y determinar cómo aprovechar los ahorros, cuanto más investigue mejor, llame a la empresa, pregúntele a otros empresarios del multinivel, etc. Esto le permitirá evaluar el soporte que obtendrá de la empresa y de sus empresarios.

3. Inscríbase en el Multinivel, recuerde que yo personalmente no recomiendo ningún multinivel que le exija una compra mínima para iniciar, esa es mi señal de advertencia en un multinivel y por lo cual lo descarto. Recuerde verificar si la compra mínima es una exigencia del multinivel o si es una exigencia del grupo donde usted se está registrando.

4. Haga su pedido para los productos que va a reemplazar y anote los descuentos que recibe para determinar su costo real. Las bonificaciones posteriores tómelos como eso, un bono para usted.

5. Cuando llegue su pedido, marque la fecha en la que comienza a usarlos y guarde bien lejos los tradicionales que le quedaron. Este es un cambio radical pero le quita la oportunidad de volver a los antiguos productos y lo obliga a aprender a usar los nuevos. Es salir de su zona de comodidad. Algunos de mis amigos recomiendan tirar a la basura los productos anteriores para evitar confundirse y regresar a ellos. Yo creo que usted debe tener la capacidad de no regresar a usarlos.

6. Prepare los productos para su uso y utilícelos de acuerdo con las tablas de rendimiento, acá será necesario la continua supervisión de uso para que los aproveche como debe ser.

7. Haga una comparación semanal de rendimiento y costo por uso y compárelo con los que usaba tradicionalmente. Apunte los resultados. Lo mismo que hizo en el presupuesto del punto 1, tanto en dinero o costo de compra, tiempo de rotación o cada cuanto tendrá que comprarlos, el rendimiento en días y cada cuanto deberá

reemplazarlos, pero esta vez con los productos de su multinivel.

8. Nada más peligroso que gastarse lo que se está ahorrando. Es una costumbre consumista gastar el dinero que ahorramos. Cuando usted hace eso, no va a ver que su negocio le está dando beneficios adicionales.

Nadie le dice que no lo haga, al fin y al cabo es su dinero, pero al menos dele a su MLM el crédito que se merece por ayudarlo a ahorrar.

9. Es probable que tenga que tomar algo del dinero ahorrado para completar la reposición de los productos de su multinivel que se agotaron. Intente hacerlo de lo que ha ahorrado, para que su presupuesto familiar no se afecte al reponer los productos.

Después de esa experiencia. compare los resultados de sus productos tradicionales con los de su multinivel.

- Si la calidad de los productos lo convenció, analice si obtuvo un ahorro, si las dos condiciones se cumplieron,

FELICITACIONES, logró que el multinivel le funcione a usted.

- Si la calidad no lo convenció, pero obtuvo un ahorro, o si la calidad lo convenció, pero no obtuvo un ahorro, antes de desechar el multinivel confirme si utilizó los productos de la forma correcta.

- Si los utilizó correctamente y no consiguió ahorros, o la calidad no lo convenció, busque otro multinivel. Lo único que habrá pasado es que cambio de marca por un tiempo que es algo que se hace normalmente cuando se ven ofertas en los almacenes.

Pero tenga en claro que usted debe estar convencido de los productos del multinivel y sobre todo del soporte en uso de la empresa que respalda el multinivel.

Si usted no obtiene eso, no le gaste tiempo y busque otro multinivel. Recuerde que yo le recomendé la inscripción después de haber analizado los productos y el soporte en uso.

Hasta cuando no demuestre por usted mismo los ahorros obtenidos, NO recomiende el MLM. Sé que algunos uplines le dirán que esa es una estrategia muy lenta, que así se va a demorar mucho en obtener ingresos.

El que le diga eso, no está pensando en que usted haga su negocio de MLM, sino en subir su calificación y necesita que usted consuma y registre empresarios rápido a su línea. Y esta acción acelerada no es para todos.

CAPITULO 17. ¿INGRESOS INMEDIATOS?

Veamos entonces la alternativa de obtener ingresos de forma inmediata con los productos o servicios que usted encuentra en el multinivel que ha escogido.

Voy a hablar específicamente sobre productos, pues el término servicios es demasiado amplio para contemplarlo en este capítulo y creo es un análisis que debe realizarse sobre cada modelo de negocios o multinivel en específico.

Me gustaría hacer una aclaración en este aspecto, pues considero que se malinterpreta el concepto de ingresos inmediatos.

Es muy común que un empresario tome la alternativa de hacer demostraciones con los productos de un multinivel e intente vender el producto como tal.

Siguiendo el mismo ejemplo de la cera para autos. Es normal que un empresario use la cera en su vehículo y enseñe sus beneficios a quienes le preguntan por el resultado obtenido.

Pero, el error sería ofrecer la cera en venta. En el mismo empaque en que viene desde la fábrica del multinivel.

Lo considero así, porque normalmente los precios de compra de esos insumos en los negocios de multinivel son más altos y eso implicaría que quién le preguntó, deba pagar por un producto más costoso.

Y ahí se encuentra una resistencia por parte del cliente para la compra del producto.

Ahora, si usted está dispuesto a sacrificar el descuento, o parte de él, que le ofrece la empresa de multinivel, puede ser mucho más sencillo.

Si usted ve a través del panorámico, le puede convenir

que ese cliente se afilie como frontal suyo y consuma directamente esa cera, no que usted tenga que vendérsela.

Imagínese si ese cliente resulta ser el dueño de una cadena de lavaderos de carros, en donde puede usar la cera como materia prima. Usted podría perder un potencial de ingresos muy grande por enfocarse en ganar un 20% (como ejemplo) del descuento que le ofrece su multinivel.

Por situaciones como estas, es que mi recomendación no es vender el producto tal cual viene de la fábrica del multinivel. Tampoco quiero decir que lo re envase, ni mucho menos. De por sí, esa es una práctica prohibida en la mayoría de los multiniveles.

Pero entonces, como puede obtener beneficios o ingresos inmediatos con el uso de los productos del multinivel que seleccionó.

Bueno, pues eso dependerá de los productos que le ofrece su multinivel.

Digamos que seguimos con el ejemplo de la cera para autos.

Y antes de comenzar, supongamos que en esa conversación con su "cliente" / vecino, usted le comenta que es un encerado que cuesta 50 dólares. Y que obtiene una aprobación de su "cliente". Es decir, que no le pareció costoso por el resultado obtenido.

Mi recomendación sería que usted ofreciera el servicio de encerado de autos. Digamos que el fin de semana, y unas 4 horas el sábado y otras 4 horas el domingo. Calculando un tiempo por automóvil de 1 hora.

Muchos pensarán que los fines de semana se debe descansar de las largas jornadas de trabajo de toda la semana. Y tienen razón.

Pero recuerda que al principio le comente que para salir de la situación en la que se encuentra y comenzar a dar pasos hacia adonde quiere llegar, debe, y quiero acentuar ese DEBE hacer cosas fuera de su área de comodidad.

Así que ese esfuerzo debe comenzar en algún lado. Y fíjese que hago un cálculo de sólo 4 horas el sábado y 4 horas el domingo. Para que cuente con tiempo de descanso el fin de semana.

Veámoslos ahora por el lado financiero.

Vamos a suponer que usted recibe de sueldo $1000 dólares al mes. Sé que es un monto que en algunos países puede ser exagerado, pero hay otros países en los que eso se considera como un salario mínimo.

Y supongamos que el precio de venta de esa cera es de $100 dólares y que usted como empresario tiene un descuento del 20% directo, sin contar con los bonos adicionales, ya sea como descuentos o como premios.

Y que según sus cálculos, la presentación de la cera le

alcanza para 4 enceradas por el tamaño de su vehículo y pues es el rendimiento que la empresa de multinivel le recomienda.

Eso determina un costo por proceso de $20 dólares. No estoy tomando en cuenta otros adicionales, como podría ser, el agua, jabón, espumas, etc. Pues eso implicaría un proceso de lavado del vehículo, y tendría un costo adicional al de encerado. Y tenga en cuenta que si la empresa de multinivel que escogió tiene productos para eso, pues usted tendría el negocio redondo.

Sigamos con el ejemplo. Una vez que tiene su costo por materia prima, adicione su costo por mano de obra. Si gana $1000 dólares al mes, con un promedio de 45 horas semanales, tendríamos que usted gana $5.50 dólares por hora.

Hasta el momento tenemos un costo de materia prima de $20 dólares más $5.50 por mano de obra, lo que nos da, $25.50 dólares.

Para no detallar mucho más, calculemos un 30% de ese total en varios, que serían otros $7.65 dólares.

Entonces, su costo total sería de $33,15 dólares.

Si el "cliente" acepto el precio de venta de $50 dólares, su utilidad será de $16,85 dólares por automóvil.

Entonces, resumamos sus ingresos.

- 4 vehículos por día son 32 vehículos al mes.
- $16.85 dólares por vehículo son $539.20 dólares por mes de utilidad.

Nada mal el tener un ingreso extra de $539.20 dólares al mes.

Ahora veamos lo que eso significa desde el punto de vista del multinivel.

- Usted está ganando un poco más de 3 veces lo que cobra por hora en su trabajo actual.
- Con el trabajo "extra" de 8 horas los fines de semana usted recibe un 53.92% de lo que gana actualmente en su trabajo, al que le dedica 45 horas a la semana.

- ¿Cuál sería su ingreso si trabajara 4 horas diarias de lunes a viernes sólo con los productos de su multinivel? La respuesta es $1348 dólares, lo que implica ganar un 34.80% más que su ingreso actual, por la mitad del tiempo.
- No se ha contemplado los bonos adicionales que podría recibir por ese consumo mensual en su multinivel. Pues es un ejemplo sobre algo hipotético.

Ahora, otra recomendación. NO incurra en reducir la cantidad utilizada del producto en cada proceso. En este ejemplo, no intente reducir la cantidad de cera para otro carro, no intente encerar 5 vehículos, cuando el cálculo es para 4 vehículos.

El porque de esta recomendación es muy simple. Normalmente intentamos obtener el mayor beneficio de una inversión. Pero considero que concentrarse en esos pequeños ahorros es otra forma de desviar su atención de lo primordial del negocio. Mientras usted está concentrado en ganarse esos $50 dólares adicionales, pues su costo está cubierto con los 4 vehículos calculados, descuida realmente los bonos y beneficios de su multinivel y corre el riesgo de que el resultado no sea tan bueno como el estipulado para los 4 vehículos.

Usted corre el riesgo de perder clientes, sencillamente por buscar ganarse $50 dólares a costa del rendimiento del producto. Esto es parte del concepto de no ajustar el negocio a usted, sino por el contrario ajustarse usted al multinivel que está desarrollando.

Esta es una práctica que muchos empresarios tradicionales, de negocios comunes utilizan para reducir sus costos y aumentar sus ganancias. Pero eso puede que funcione en los negocios tradicionales, pero en los multiniveles no es tan exacto. Sobre todo porque los multiniveles manejan bonos y descuentos adicionales por consumo, que no se encuentran en los negocios tradicionales. Y seguramente esos $50 dólares usted los va a recibir en esos bonos o descuentos adicionales.

No voy a profundizar más, pues para eso debería usar un multinivel real y como les comenté, no es mi intención inducirlos a alguno en específico.

Lo que se puede estar preguntando es como conseguir esos 32 clientes. Pues esa es una información en la que su empresa de multinivel le debería capacitar. Aunque muchos grupos, en sus reuniones tienen alternativas o experiencias de otros empresarios para lograrlo. Pero mi concepto es que esos se alcanzan por medio de la recomendación. Su "cliente" podría recomendarlo, si usted le ofrece un 10% de descuento por hacerlo.

Si usa esa práctica, usted estará convirtiendo su negocio de encerado, en un programa de referidos. Que le generará un mayor ingreso.

Creo que he dejado claro el concepto. Si usted desea un ingreso inmediato, debe buscar un producto en su multinivel que le permita desarrollarlo de forma profesional.

Pero recuerde que para obtener ese ingreso, deberá destinar tiempo adicional para hacerlo. Recuerde que no le recomiendo dejar su fuente de ingresos actual (ya sea su empleo o su empresa).

Esto debe ser una forma de ingreso adicional, pero si usted contempla el dejar de trabajar o cerrar su empresa, mi recomendación es que lo haga cuando tenga al menos 4 frontales que ya estén percibiendo ese ingreso extra. Que en este ejemplo de la cera sería de $539.20 dólares al mes. Si la están usando como materia prima. O de unos 10 frontales que sólo la estén consumiendo.

Porque creo que ese sería un punto de inflexión, el que usted haya logrado que al menos a esas personas de su grupo les funcione. Considero, que ese un punto interesante de desarrollo del negocio. Claro está que su análisis y conclusiones debe partir de sus necesidades de ingreso y de las condiciones de compensación que le ofrece el multinivel que haya seleccionado.

Ahora, como encuentra esas personas.

Lo primero es con sus clientes. Usted les puede comentar que si desean les enseña como adquirir la cera para que ellos enceren su vehículo directamente.

Aquí hay varias alternativas que se pueden presentar.

1. Que su cliente le diga que prefiere pagar para que le hagan el encerado. Lo cual indicaría que usted seguirá obteniendo esa utilidad directamente.

2. Que a su cliente le interese obtener ese ingreso extra haciendo encerados, para lo cual le recomiendo primero que le venda el producto en la presentación en que viene de su multinivel. Pero haciéndole aclaración de que si más adelante le interesa obtener el descuento de fábrica y los bonos. Pues usted le explica los detalles del multinivel.

3. Que a su cliente sólo le interese comprarle la cera, para hacer el encerado directamente en su vehículo. Para lo cual usted se lo puede vender directamente, en el empaque original. Explicándole el rendimiento y

el costo por encerado que obtendría. Que en este ejemplo sería de $25 dólares. Los $100 dólares de su precio de venta, dividido en los 4 procesos para el que alcanza.

Lo cual equivale a un costo del 50% de lo que usted le cobra por el servicio. No olvide informarle que si desea obtener un ingreso adicional haciendo el proceso de encerado, le deje saber para explicarle el "negocio".

Creo que se habrá dado cuenta que no le recomendé en ningún momento que les explique el negocio de multinivel, su potencial de ingresos, la invitación a las reuniones, etc.

Pues eso se debe a que muchas personas se asustan ante esa información.

Permita que el negocio les funcione a ellas sin que se den cuenta de que les está funcionando.

Y seguramente, como para que no se decepcione, suponiendo que los 10 clientes a los que le funcionó la cera, y que usted registró como frontales, compraron la cera por el descuento. Solamente 1 de ellos, continuará haciéndolo. O iniciará el multinivel.

¿A qué se debe eso?

Cambiar de chip no es fácil.

Creo que también fui claro al mostrarle que nunca, nunca, nunca, debe descuidar la base del negocio. Que es la recomendación de uso. Consiga todos los ingresos que necesita bajo este esquema, pero si no logra la recomendación de uso, su multinivel se le convertirá en su autoempleo. Y el día que por cualquier razón, vacaciones, enfermedad, edad, etc., no pueda trabajar, su ingreso se verá afectado.

CAPITULO 18. RESUMIENDO SU AUTOCRITICA

El cambio de chip es en mi concepto la actitud más complicada de lograr por su naturaleza. Pero hay otras que intentaré explicarlas con ejemplos no literales sino conceptuales, como para que usted se evalúe.

Recuerde que este libro es suyo, y nadie va a criticarlo, así que sea honesto con usted mismo, créame que le ayudará a corregir y prevenir.

Veamos las actitudes que son normales y así mismo son corregibles.

¿Usted deja que se acaben los insumos de su casa y después va a comprarlos, ejemplo, la leche, el papel higiénico, el jabón de baño...? ESTO ES PLANEACION Y LOGRO DE METAS.

¿Usted recuerda que debe pagar un recibo de servicio y si no lo hace inmediatamente es probable que se le olvide? ESTO ES PLANEACION DE COSTOS Y/O GASTOS

¿A veces llega el fin de semana o fin de mes y el dinero de su sueldo no le alcanza? ESTO ES PLANEACION FINANCIERA

¿A veces se sienta a ver un programa de televisión y cuando se acaba, se queda viendo el siguiente y el siguiente hasta que llega la hora de irse a dormir? ESTO ES DISCIPLINA

¿A veces por la urgencia, termina comprando productos o servicios en sitios más costosos? ESTO ES ORGANIZACION DE TIEMPOS

¿En su trabajo le ha sucedido que su jefe le solicita un trabajo que le ordenó realizar algún tiempo atrás, usted no lo tiene listo y debe trabajar toda la noche para tenerlo? ESTO ES PLANEACIÓN y ORGANIZACION.

¿Ha ascendido en su trabajo constantemente o ya ha pasado casi 1 año sin ningún logro? ESTO ES CONSTANCIA.

¿Usted necesita asistir constantemente a las reuniones de su grupo porque de lo contrario dejaría el negocio? ESO ES CONVICCION.

Puede darse cuenta que su actitud, tanto en el trabajo, como en su casa y vida personal muestran actitudes que lo van definiendo, ya sea por costumbre, carga laboral, comodidad, etc.

La carga laboral es una situación incómoda, ya que lo agota físicamente.

Seguramente usted llega a su casa en la noche agotado del trabajo y del tráfico o del transporte público y lo único que desea es descansar y ver algo de televisión.

Eso es algo normal. El problema es que para lograr cosas hay que hacer lo anormal. Y eso requiere un esfuerzo constante durante un largo tiempo.

La buena noticia es que es muy fácil que esos cambios se conviertan en rutina y cuando se convierten en una rutina de cambio, sólo existen mejoras en su vida, a nivel emocional, intelectual y físico. Se sentirá cargado de energía al escuchar de temas diferentes a los de su trabajo, sobre temas que nunca había considerado y que le cambian a uno la forma de ver y de enfrentar la vida. Y súmele a eso los ingresos adicionales.

No pida soluciones inmediatas, dele tiempo a su constancia. Si usted estudio alguna carrera universitaria sabe que debió dedicarle 4 o 5 años y algunos más de experiencia trabajando 8 o 10 horas diarias para encontrar un mejor trabajo. Así que no pida que en 6 meses, dedicándole los tiempos libres, 1 o 2 horas diarias, vaya a conseguir lo que tiene actualmente. Lo que sí es cierto es que en el momento en que todo le empiece a funcionar, sus ingresos serán mucho mayores, y tendrá que dedicarle menos tiempo.

Entonces una vez que usted haya determinado lo que desea obtener de su MLM, podrá escoger el cómo hacer su negocio.

CONSUMIENDO	CONSUMIENDO Y VENDIENDO	HACIENDOLO PROFESIONALMENTE
Será lento pero si tiene muchos amigos y tiene una estrategia fuerte, podrá lograr ingresos entre 6 meses y 1 año. Y Ahorros en menos de un mes.	Los ingresos serán inmediatos, pero dependerá de su constancia en el trabajo, porque aquí estará reemplazando su trabajo actual por su propio negocio.	Debe Consumir, Vender y Enseñar a consumir y vender a sus líneas de auspicio. Va a necesitar mucha capacitación para poder ser un líder y guiar a sus auspiciados. Su manual deber ser el Go Pro y este libro. Es convertirse en un Profesional en Marketing Multinivel.

Resumamos las pautas

Logro	Lo que debe Hacer			
	Cambiar de Marca	Vender	Capacitarse en Uso de Productos	Enseñar
Ingreso Adicional al de su Trabajo	X		X	X
Tiempo Libre	X		X	X
Dinero Inmediato	X	X	X	
Dinero Permanente	X		X	X
Independencia Laboral	X	X	X	X
Reconocimiento	X		X	X

Y comencemos la autocrítica.

Aquí ya puede empezar a darse una idea de en donde falló o que le hizo falta.

Ahora, cual es la situación acá, permítame aclararle.

CAMBIAR DE MARCA: Indispensable. No puede pensar que puede hacer un negocio de MLM si no consume sus propios productos, si usted en algún momento pensó que el producto es más costoso, que no le funciona bien, que no logra el objetivo que está buscando o cualquier otra situación, algo está haciendo mal. Ahora, esto no implica que usted no pueda comprar algunos productos de otras marcas si no se siente satisfecho con los de su MLM. Pero debe hacer el mayor cambio posible.

VENDER: Aquí difiero con algunas clasificaciones, tal como lo expuse anteriormente. Y me da pena con algunos MLM, pero si vender es uno de los requisitos para hacer su negocio, es mejor que busque otro MLM. Esta debe ser sólo una opción para generar un ingreso inmediato, pero no debe ser una constante para sus ingresos. En mi concepto aquellos MLM que requiere que vendan son empresas de venta directa asociada y no MLM.

CAPACITARSE. Indispensable. Pero entiéndame algo, la capacitación indispensable es la que le da su empresa de MLM, ellos lo capacitan en cuanto a los productos, tips de venta (si es que va a vender), asociación, liderazgo, etc. Hay algunos grupos con sus líderes que ya han logrado grandes calificaciones y crean sus propios eventos de capacitación. Eso está muy bien, pero cuando anteponen la asistencia a esos eventos a su crecimiento, o se lo hacen ver como indispensables para su crecimiento, ahí se desdibuja su propósito. Cuando los enfocan al crecimiento personal de su gente, es diferente. Hay Uplines que creen que el sistema lo hace todo y que lo único que usted debe hacer, es asistir a los eventos, ahí también están equivocados. El sistema ayuda, pero no es lo único.

ENSEÑAR. Simple, mire su negocio, si no le ha funcionado, es porque no se le enseñaron bien, si usted no sabe enseñar el negocio, a sus downlines les va a pasar lo mismo que a usted.

Y entonces, si no le enseñaron bien, ¿por qué insisto en que el problema es USTED?

Bueno, esto tiene dos situaciones, la primera es que el hecho de que su upline no le haya enseñado bien el negocio no significa que usted no pueda aprenderlo y la segunda es que también puede existir la posibilidad de que usted no siguió todas las indicaciones de su upline.

No sé cual de las dos sea más crítica, ya que la primera indicaría que usted dependía de su upline para hacer su negocio, si él no lo guía, usted no hace su negocio. No tiene sentido que SU negocio dependa de que otra persona lo guie o le diga que hacer.

O en la segunda, que usted no quiera aprender cómo hacer un negocio que le puede dar mucho dinero. ¿Su ego no le permite aprender?, en esta parte también puede ser que no haya empatía con su upline y usted no pueda identificarse con sus enseñanzas, eso también sucede, pero la solución es que encuentre un tutor con el que usted se entienda mejor y pueda seguir sus enseñanzas. El problema es que si ese tutor no recibe algún beneficio de su enseñanza, muy probablemente no le preste la atención que usted necesita.

Entonces en la primera USTED no hace nada si no le dicen que hacer y en la segunda USTED no hace lo que le enseñan. Que predicamento.

Lo ideal sería que uno pudiera escoger el tutor antes de

iniciar el negocio de MLM, pero se necesita sangre muy fria para poderle decir a quién le está mostrando el negocio algo como "El negocio me parece muy bueno, pero no siento que lo pueda hacer con usted como mi guía y voy a buscar otro", muchas empresas de MLM no le permiten cambiar de línea por el hecho de que usted no encuentra un tutor con el cual trabajar, porque volvemos a lo mismo, este tipo de negocio depende de lo que USTED haga.

Ahora, si no cuenta con una buena línea de auspicio. Evalúe lo siguiente, existe la "Lealtad", si quién lo invitó es un conocido o amigo, pero no sabe del negocio, siempre habrá alguien de otro grupo que lo pueda acompañar.

NO le va a decir todo, pues usted no representa ningún beneficio directo o residual para esa persona, pero le podrá guiar. Su conocido o amigo, tendrá que entender que usted trabaja mejor con otra persona. No lo haga a las escondidas, pues eso le creará un mal ambiente con su amigo.

Ahora, hay una salida a ese predicamento. Encuentre su

propia ruta de desarrollo de su negocio logrando que le funcione tal cual le he expuesto durante todo el libro. Pero tenga en cuenta que sus downlines pueden no sentirse identificados con su método. Es ahí donde debe surgir de usted (inclusive capacitándose en esos temas) el líder para guiar a sus downlines, encontrar con ellos su propia ruta y sobretodo que sus downlines aprendan a ser líderes.

Buena suerte y muchos éxitos en este maravilloso negocio.

//////   **FIN**   ////////

www.ingramcontent.com/pod-product-compliance
Lightning Source LLC
Chambersburg PA
CBHW030622220526
45463CB00004B/1376